聚焦三农：农业与农村经济发展系列研究（典藏版）

农产品营销渠道绩效评价
与模式选择研究

李春成　著

科学出版社

北京

内 容 简 介

农产品营销渠道的绩效评价与模式选择是渠道管理中的重要理论问题和亟待解决的实践问题。本书立足于现代渠道管理理论，结合中国农产品营销实践，运用结构方程模型对影响农产品营销渠道绩效的因素进行了分析，运用多层指标体系方法构建了农产品营销渠道绩效评价指标体系，运用灰靶决策方法测算了当前主要农产品营销渠道模式的绩效水平、比较了渠道成员和渠道链的绩效，为农产品营销渠道的演进和变革以及渠道模式选择提供了理论解释和管理建议。

本书可供农业经济管理、农产品营销等相关领域科研院所及高等院校师生参考。

图书在版编目（CIP）数据

农产品营销渠道绩效评价与模式选择研究／李春成著. —北京：科学出版社，2012（2017.3 重印）

（聚焦三农：农业与农村经济发展系列研究：典藏版）

ISBN 978-7-03-034771-8

Ⅰ.①农… Ⅱ.①李… Ⅲ.①农产品－购销渠道－研究－中国 Ⅳ.①F724.72

中国版本图书馆 CIP 数据核字（2012）第 123236 号

丛书策划：林　剑

责任编辑：林　剑／责任校对：朱光兰

责任印制：钱玉芬／封面设计：王　浩

科 学 出 版 社 出版

北京东黄城根北街 16 号

邮政编码：100717

http://www.sciencep.com

北京京华虎彩印刷有限公司 印刷

科学出版社发行　各地新华书店经销

*

2012 年 6 月第 一 版　开本：B5（720×1000）

2012 年 6 月第一次印刷　印张：11 1/2

2017 年 3 月印　刷　字数：227 000

定价：**78.00 元**

（如有印装质量问题，我社负责调换）

总　序

农业是国民经济中最重要的产业部门，其经济管理问题错综复杂。农业经济管理学科肩负着研究农业经济管理发展规律并寻求解决方略的责任和使命，在众多的学科中具有相对独立而特殊的作用和地位。

华中农业大学农业经济管理学科是国家重点学科，挂靠在华中农业大学经济管理学院和土地管理学院。长期以来，学科点坚持以学科建设为龙头，以人才培养为根本，以科学研究和服务于农业经济发展为己任，紧紧围绕农民、农业和农村发展中出现的重点、热点和难点问题开展理论与实践研究；21世纪以来，先后承担完成国家自然科学基金项目23项，国家哲学社会科学基金项目23项，产出了一大批优秀的研究成果，获得省部级以上优秀科研成果奖励35项，丰富了我国农业经济理论，并为农业和农村经济发展作出了贡献。

近年来，学科点加大了资源整合力度，进一步凝练了学科方向，集中围绕"农业经济理论与政策"、"农产品贸易与营销"、"土地资源与经济"和"农业产业与农村发展"等研究领域开展了系统和深入的研究，尤其是将农业经济理论与农民、农业和农村实际紧密联系，开展跨学科交叉研究。依托挂靠在经济管理学院和土地管理学院的国家现代农业柑橘产业技术体系产业经济功能研究室、国家现代农业油菜产业技术体系产业经济功能研究室、国家现代农业大宗蔬菜产业技术体系产业经济功能研究室和国家现代农业食用菌产业技术体系产业经济功能研究室等四个国家现代农业产业技术体系产业经济功能研究室，形成了较为稳定的产业经济研究团队和研究特色。

为了更好地总结和展示我们在农业经济管理领域的研究成果，出版了这套农业经济管理国家重点学科《农业与农村经济发展系列研究》丛书。丛书当中既包含宏观经济政策分析的研究，也包含产业、企业、市场和区域等微观层面的研究。其中，一部分是国家自然科学基金和国家哲学社会科学基金项目的结题成果，一部分是区域经济或产业经济发展的研究报告，还有一部分是青年学者的理论探索，每一本著作都倾注了作者的心血。

本丛书的出版，一是希望能为本学科的发展奉献一份绵薄之力；二是希望求教于农业经济管理学科同行，以使本学科的研究更加规范；三是对作者辛勤工作的肯定，同时也是对关心和支持本学科发展的各级领导和同行的感谢。

李崇光

2010 年 4 月

前　言

　　营销渠道研究领域的权威学者斯特恩（Louis W. Stern）教授说过："我们现在有一个普遍的共识，即营销渠道是任何希望在中国取得成功的企业的关键。"中国是世界上最大的农产品生产和消费国，农产品渠道活动关系到农业和涉农企业的生存和发展，没有一个成功的企业不重视渠道问题。因此，农产品渠道管理已经成为当前中国农产品流通与营销的生命线，是一个具有深远理论与实践意义的重要研究课题。

　　农产品营销渠道是农产品从生产者转移到消费者的途径和通道，它连接着生产和消费，是整个社会再生产过程中的重要环节，关系到 13 亿人民食品需求的确保以及多数农民生计的改善，它在农业部门乃至整个国民经济中所起的作用和所处的地位十分重要和关键。

　　然而，进入 21 世纪以来，由原来建立在卖方市场条件下的传统农产品营销渠道模式逐渐不再适应中国当前新的农产品营销环境，出现了一系列农产品营销渠道问题，比如农产品营销渠道的低绩效运行，阻碍了农产品从生产者向消费者的流转，抑制了消费者福利的最大化，严重制约了中国农业和农产品营销的发展。

　　那么，如何构建畅通、高效的农产品营销渠道以实现农产品及相关服务从农户向消费者的快速流转，解决农产品滞销卖难问题；如何建立新的渠道成员利益分配格局，化解农户收入最大化、中间商利润最大化、消费者福利最大化等这些相互冲突的矛盾；如何提高渠道效率、降低营销费用以减少整个社会在食品消费中所付出的成本和代价，提高消费者的福利水平，等等。这些现实的渠道问题亟待研究和解决。这些问题归结起来即是农产品营销渠道的绩效问题：农产品营销渠道绩效受到哪些因素的影响？如何评价渠道链及渠道成员的绩效水平？如何选择和建立高绩效的农产品营销渠道？本书试图在农产品的渠道绩效方面做出探索性研究，以期能够回答和解决上述这些现实和理论问题。

　　本书是国家自然科学基金资助项目"农产品营销渠道变革与模式选择研

究"（批准号：70773046）和中央高校基本科研业务费专项资金资助项目"农产品营销渠道价值链调整与利益分配机制研究"（批准号：2009QC012）的阶段性研究成果。得益于这些项目的资助，研究课题组先后出版和发表了一系列专著和论文，主要集中在两个领域：一是研究农产品营销领域渠道绩效及其渠道冲突对渠道绩效的影响，偏向渠道行为领域；二是讨论渠道结构调整变革的原因及其对渠道模式选择的启示，偏向渠道结构方面。渠道结构和渠道行为之间互相影响，并且两者共同对渠道绩效产生影响。与先前已经出版的《农产品营销渠道冲突与整合研究》一书立足于从渠道行为角度讨论渠道冲突对渠道绩效的影响不同，本书立足于讨论渠道绩效评价及对渠道模式选择的启示。两书互为补充，分别从渠道结构和渠道行为两方面来阐述渠道绩效问题。

本书立足于现代渠道管理理论，结合我国农产品营销实践，运用结构方程模型对影响农产品营销渠道绩效的因素进行了分析，提出渠道绩效的四因素模型，并应用来自农产品营销渠道成员的量表数据，借助结构方程模型分析方法，探讨了渠道绩效与渠道结构等因素间的关系；同时，运用计量分析方法探讨了经济发展、市场环境、消费需求等因素对渠道绩效的影响与作用，揭示出渠道内外部影响因素与渠道绩效之间的作用机制；运用多层指标体系方法构建了农产品营销渠道绩效评价指标体系，通过市场调研收集了农产品营销渠道组织的销售绩效、分销效率等多方面的数据资料，运用灰靶决策方法测算了当前主要农产品营销渠道模式的绩效水平，比较了农产品营销渠道成员和渠道链的绩效，为农产品营销渠道的演进和变革以及渠道模式选择提供了理论解释和管理建议。

由于作者学术水平有限，书中不可避免地存在一些缺陷和不足，敬请读者批评指正。

李春成

2011 年 6 月，武汉

目　录

农产品营销渠道绩效评价与模式选择研究

导　　论

农产品营销渠道是农产品从生产者转移到消费者的途径和通道。农产品在营销渠道体系的转移与流通会创造效用、产生价值增值和利益分配,这对于农户、中间商和消费者都具有重要意义。农户借由渠道通过出售手中的农产品实现先前所创造价值的回报和补偿;中间商增加农产品效用的同时分享其中的利润;消费者支付一定的费用来交换获取满足生活所需的食品。从宏观经济角度来讲,农产品营销渠道连接着生产和消费。

进入 21 世纪以来,中国农业和国民经济发展进入了新的发展阶段,农业和农产品营销面临新的经济形势和市场环境,而传统农产品营销渠道已不能适应新的市场经济形势和农产品营销发展的需要。

0.1　研究的目的与意义

进入 21 世纪以来,中国农业的发展进入了一个崭新的历史阶段。中国主要农产品的供给已经从总体短缺、供不应求过渡到相对过剩阶段,买方市场已经基本形成,农产品的销售日趋激烈。在新的市场经济形势和农产品营销发展的推动下,中国农产品营销渠道正在发生变化,出现了一些新的渠道形式和渠道系统,使得农产品营销渠道整体处于一种新与旧、破和立的交替时期,许多现实的渠道问题亟待进行研究和理论阐释。

国内学者相继对农业产业化、农产品流通体制以及农业结构调整等问题进行了深入研究,为中国农产品营销研究提供了理论基础,但总体来说,同市场营销学的发展相比,农产品营销理论的研究仍然十分薄弱,而对于农产品营销渠道的研究更是严重滞后,其中对于农产品营销渠道的绩效问题研究更多的则是停留在定性分析和经验判断上,缺乏科学性和可操作性,也无法有效进行农产品营销的设计和管理。鉴于此,研究探讨农产品营销渠道绩效问题无疑对于提高农产品营销渠道的效率,提高农产品的竞争力具有重要的理论价值和现实意义，具体表现如下。

1）探讨农产品营销渠道绩效的作用机制与影响因素，有助于丰富和拓展原有农产品营销渠道的理论研究。农产品营销渠道研究是市场营销学研究的中心问题之一，农产品营销渠道问题是农产品营销研究的核心问题和学术前沿。在过去的近百年（以 1916 年韦尔德第一次提出营销渠道概念开始）时间里，国外营销渠道理论和研究方法取得长足发展，国内关于营销渠道理论及方法的研究也不断推进，但关于农产品营销渠道绩效这样一个根本性问题却仍是众说纷纭、莫衷一是，本书选择农产品营销渠道绩效作为研究对象，尝试探讨其作用机制与影响因素，对于丰富和拓展农产品营销渠道理论及其相关研究有一定的理论意义。

2）评价和分析农产品营销渠道绩效，有助于解决农产品营销渠道效率低下问题，实现农产品快速高效流转。农产品营销渠道是连接生产者与消费者的通道，农产品营销渠道低效益问题严重制约着我国农业和农产品营销的发展，影响农民收入的增长。目前存在的突出问题有：①农产品营销渠道"短路"问题，直接影响农产品及相关服务顺利地从农户向消费者的转移，造成农产品的供需脱节。②农产品渠道内部冲突，导致渠道内部成员利益分配不合理，尤其是农业生产者（农户等）利润减少。农民作为农产品渠道中的产品提供者，由于组织化程度低，获取信息和谈判能力弱，在农产品营销渠道系统内往往因为权力和信息的不对称，不能获取农产品在市场交换过程中的合理市场利益，导致农民收入增长的缓慢。③农产品营销渠道低绩效管理，抑制了渠道基本效用、形式效用、地点效用和时间效用的最大化，严重也影响了农产品流通速率，增加了营销成本，同时也影响了消费者福利的最大化。探讨造成这些突出问题的成因有助于改进和提高农产品营销渠道效率与效益，因而具有重要的现实意义。

3）研究提高农产品营销渠道绩效的对策，对于推进和深化农产品营销渠道体系变革，构建高绩效的农产品营销渠道，有着现实意义。当前，中国正在推进农产品流通体系建设，但是如何完善农产品流通体系，未来采取何种农产品营销渠道模式等问题还未有定论，而本书关于农产品营销渠道绩效的相关结论与对策建议，能为未来农产品营销渠道的变革提供理论支撑，具有一定的应用价值。

0.2 研究框架与假设

0.2.1 研究思路

本书首先通过回顾营销渠道理论和农产品营销理论，在文献回顾的基础上提出研究的命题，结合原有关于零基渠道和渠道职能放弃等假说，提出高绩效营销渠道所应具备的特征和要件，进而提出相关研究假设，并借助结构方程模型和农产品渠道成员调查数据进行实证检验，对影响渠道绩效的外部环境因素运用计量方法进行了分析。通过对渠道绩效研究方法的总结归纳，选择评价农产品营销渠道绩效指标，对中国农产品营销渠道成员的绩效水平进行了分析。

0.2.2 研究框架

研究流程图如图 0-1 所示。

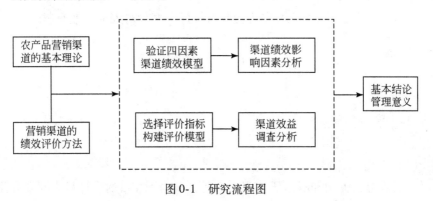

图 0-1 研究流程图

0.2.3 研究内容与基本框架

本书可归纳为五个部分，第一部分包括导论和第 1 章，主要介绍研究的目的意义、研究方法、创新点、局限和研究展望；第二部分即第 2 章，主要用比较研究的方法分析和探讨农产品营销渠道的演化与发展历史；第三部分包括第 3 章和第 4 章，运用 SEM 方法和计量分析方法对农产品营销渠道绩效中的渠道结构及影响因素进行了实证分析；第四部分包括第 5 章至第 8 章，主要借助调查数据对农产品营销绩效水平（效益费用等问题）进行分析；第五部分即第 9 章，结论总结和评述，提出建议和对策。

0.2.4 研究假设

本书建立在以下假设条件之上：
1）渠道结构、渠道职能、渠道协同与渠道绩效的关系假设。①理想渠道的要件：满足目标细分市场的服务产出需求；以最低的成本执行必要的渠道职能以创造满足顾客需要的服务产出。②渠道结构是影响渠道绩效的内在关键因素：渠道长度长、环节多会因为交易费用的增加而抵消因为专业化带来的效率提高，导致渠道绩效降低；渠道宽度有助于促进农产品快速分销但同时也会带来渠道协调方面的冲突。③渠道职能和渠道协同是渠道绩效的重要因素：渠道职能被渠道成员以最低的成本来履行；渠道提供渠道产出——效用增加和价值增值，成本耗费与效用增加的消长决定了渠道是否具有效率。④渠道结构决定了渠道成员各自在渠道体系中扮演何种角色，应当承担何种职能；渠道协同兼顾专业化和分工的需要，又能通过合作和一体化降低交易费用。

2）经济发展、市场环境和消费需求等外生变量对渠道绩效有影响。

0.3 研究方法设计

0.3.1 采用的研究方法

（1）问卷调查

在明确分析框架和提出研究假说之后，根据研究目的设计量表问卷和渠道绩效成员调查问卷，在进行试调查后，对调查问卷进行修改，使之更符合实际。而后按照分层抽样方法选择样本调查对象，收集所需要的数据资料。

（2）指标评价

根据研究目的和内容设定，第一，将利用收集到的资料进行描述性分析，以客观再现农产品营销渠道的发展历程和现状，以及各利益相关者的态度、行为和认知。然后结合理论和实际，分析并明确评价目的、评价客体、评价主体、评价方法、评价标准、评价权数、评价指标体系等问题。第二，运用主成分分析法、因子分析法、层次分析法来建立科学合理的农产品营销渠道绩效评价指标体系。主要的分析方法如下：①运用专家意见法和灰靶决策法，对营销渠道的选择和设计进行评定；②运用主成分分析法，找出影响营销渠道效率的各种因素；③运用通径（相关系数）分析，分析营销渠道影响因素之间的因果关系和作用大小。

（3）实证分析

根据分析框架和研究假说，关注主要变量之间的相互关系，利用结构方程模型（SEM）方法和计量分析方法来探索农产品营销绩效与影响绩效主要因素之间的相互关系，为深入认识和更好地整合农产品营销渠道服务。

0.3.2 数据来源

本书采用的研究数据主要有以下来源：①由国家统计局和商务部提供的关于中国连锁超市和零售业的统计数据，主要包括来自连锁超市的网点数目、销售额、利润等情况以及关于农产品批发市场和农贸市场的交易数据；②由作者深入企业实地调查获得的关于营销渠道组织（批发商、零售商、连锁超市中的生鲜区）的经营状况、成本费用与利润情况；③东部（山东和广东）、中部（湖北和河南）、西部（四川和陕西）六个省农产品生产企业、批发商和零售商等企业的问卷调查；④各种文献和相关研究成果所提供的农产品营销渠道的二手数据。

0.3.3 采用的评价方法与模型

1）结构方程模型。以渠道协同与渠道职能作为中介变量来探讨渠道结构与渠道绩效之间的关系。

2）计量分析方法。借助多元回归方程探讨环境因素对渠道绩效的影响。

3）指标评价方法。构建农产品营销渠道指标体系，主要从渠道的销售绩效、流通效率、渠道和谐度、顾客满意度四个方面来评价农产品营销渠道的绩效。

0.4 研究的创新之处、局限及未来研究展望

0.4.1 研究的创新之处

1）研究对农产品领域渠道绩效的影响因素进行了分析，提出渠道绩效的四因素模型，并应用来自农产品营销渠道成员的量表数据，借助结构方程模型分析方法，探讨了渠道绩效与渠道结构等因素间的关系，同时运用计量分析方法探讨了经济发展、环境、消费等外部因素对渠道绩效的影响与作用；揭示出渠道内外部影响因素与渠道绩效之间的作用机制。

2）研究结合多层指标体系（AHP）方法，构建了农产品营销渠道绩效评价指标体系，通过市场调研收集了农产品营销组织的销售绩效、分销效率等多方面的数据资料，运用灰靶决策方法测算了当前主要农产品营销渠道模式的绩

效水平，为农产品营销渠道的演进和变革提供了理论解释。

0.4.2 研究存在的局限性

本书在理论推导和实证研究上虽力求符合科学的原则，但由于多方面的原因，研究受到许多的限制，这些局限主要表现在以下三个方面。

（1）在研究方法方面

1）研究模型的局限。关于渠道结构与渠道绩效的关系，四因素模型只考虑了渠道协同和渠道职能两个中介变量的中介效应，没有考虑竞争环境等调节变量的调节效应，而这些调节变量可能会使得各变量间关系发生变化，在模型中加入调节变量有助于进一步揭示渠道结构与渠道绩效间的作用机制。而在关于渠道绩效与外部环境的影响因素方面，可能也存在对渠道绩效影响较大但在研究中未能考虑到的变量。

2）指标评价方法的不足。尽管本书尽可能全面考虑各种评价指标及评价方法，但指标选择和评价方法本身存在一定的主观性，而由于条件所限和多种因素造成的客观原因，本书没能运用各种评价方法分别进行分析并检验、对照分析结果。

（2）在研究内容方面

书中所验证的农产品营销渠道结构与渠道绩效的作用机制，农产品营销渠道绩效的相关影响因素以及农产品营销渠道绩效水平的测算比较等，研究内容还有待深入探讨、分析和检验。

0.4.3 未来研究展望

未来研究设想是：首先，在渠道绩效四因素模型基础上，尝试增加其他关联或控制变量，优化模型结构，验证模型的稳定性；其次，改进农产品营销渠道指标评价体系，考虑对渠道链或渠道流进行整体分析；最后，对农产品营销渠道中的典型案例进行分析，以体现研究的应用性价值。

第1章
农产品营销渠道理论回顾与述评

农产品营销学是一门研究农产品营销整体活动及其发展规律的科学，即研究农产品生产与经营企业、个人以及相关社会组织如何从满足消费者或社会需求出发，有计划地组织农产品生产、集货、分类、加工、包装、运输、储藏、销售和服务，从而实现赢利目标的活动以及这些活动的内在联系和规律的科学。农产品营销学的诸多理论主要源自于现代市场营销学，它是市场营销学的思想和理念在农业经济领域的具体应用。

因此本章旨在通过梳理以往关于营销渠道的研究文献，归纳和整理了渠道结构、渠道职能、渠道效率等营销渠道相关理论，总结了营销研究方法和渠道绩效评价方法，通过对营销渠道理论及其理论范式的发展演进历程的把握，为进一步研究奠定基础。

1.1 营销渠道理论与研究进展

1.1.1 关键概念

（1）营销渠道

"营销渠道"来源于英文"marketing channels"，又称分销渠道（distribution channels），有人也将其称为"配销渠道"、"销售通路"和"流通渠道"。对其有四种不同的定义：

1）重点强调营销渠道的组织结构。1960 年美国市场营销学会（The American Marketing Association，AMA）将营销渠道定义为："公司内部单位以及公司外部代理商和经营销商（批发和零售商）的组织结构，通过这些组织，产品和劳务才得以上市营销。"斯特恩和艾尔安塞利也从营销组织的角度认为："营销渠道是由制造商、批发商、零售商及其他机构组织在一起，参与营销渠道的分工，以便使商品能够达到组织购买者或最终用户手中，促使产品或服务顺利地被使用或消费的一整套相互依存的组织。"（Stern et al., 2001）罗森布罗姆（2001）也将营销渠道定义为"与公司外部关联的、达到公司分销目的的经营组织"。

2）重点强调产品从生产者转移到消费者的分销过程。美国学者 Edward W. Cundiff 和 Richard R. Still 认为营销渠道是指："当产品从生产者向最后消费者和产业用户转移时直接或间接转移所有权所经过的途径。"中国大部分教科书采用这一概念，如张广玲将分销渠道看做"产品或服务由生产者转移到消费者的通道或路线"（张广玲，2005）。

3）重点强调营销渠道过程中涉及的各类主体。著名营销专家菲利浦·科特勒（Kotler, 1967）认为营销渠道是指："某种货物或劳务从生产者向消费者移动时，取得这种货物或劳务所有权或帮助转移其所有权的所有企业或个人。一条分销渠道主要包括商人中间商（因为他们取得所有权）和代理中间商（因为他们帮助转移所有权）。此外，它还包括作为分销渠道的起点和终点的生产者和消费者，但是，它不包括供应商、辅助商等。"

4）重点强调营销过程中产生的各种交换关系。美国学者卢·E. 佩尔顿（2004）等把营销渠道定义为：在获得、消费和处置产品和服务的过程中，为了创造顾客价值而建立的各种交换关系。

以上四种定义分别从渠道成员的组织结构，产品流通路径以及产品在流通过程中成员间的交易关系等三个角度阐述了营销渠道的含义。根据这些定义，我认为可以将农产品营销渠道定义为由各种旨在促进农产品和服务的实体流转以及实现其所有权，由生产者向消费者或企业用户转移的各种营销机构及其相互关系构成的一种有组织的系统。或者说是指参与将原始农产品变成可以使用或者消费的活动的一系列相互依赖的组织。多数情况下，这种转移活动需要各种批发商、零售商、商业批发机构（交易所、经纪人）在内的营销组织的参与。广义上说，营销渠道包括实体、所有权、付款、信息和促销五个方面。具体来看，农产品营销渠道有如下三层含义：①渠道的起点是农产品生产者，终点是消费者和用户。农产品营销渠道一头连接生产，一头连接消费，包括了产品从生产者到消费者的完整的流通过程；②渠道的主要成员是那些取得或帮助转移农产品所有权的各类中间商，还包括处于渠道起点和终点的生产者和消费者；③渠道中通常发生四种流动：商流、物流、资金流、信息流。

（2）渠道绩效

Robicheaux 和 EI-Ansary（1976）将绩效定义为渠道成员对渠道领导者满意或不满意的结果，也是渠道成员间关系的最终目的。Gaski（1984）则认为渠道绩效是供应商和经销商的关系，能够协助经销商达成供应商设定目标的程度，即指成员对渠道的贡献程度。

斯特恩等（2001）认为渠道绩效可从社会与管理的视角来看，前者以成本效益的角度来衡量渠道的服务水平能否满足全体或个别市场区域的需求；后者则分别有评估各渠道成员的财务绩效、各个渠道成员对整体渠道的贡献程度、不同渠道绩效的比较等内容。

有关渠道绩效的衡量构面，根据斯特恩等（2000）的观点，渠道的绩效可以从许多不同的构面来衡量，并提出四个主要的衡量构面：渠道系统的有效性、服务的不同市场的专用性资产、渠道系统的价值及赢利能力；其中，渠道系统的赢利能力，一般指财务绩效。El-Ansary（1972）指出渠道的绩效可从定性与定量两个角度来加以测量，定性方面如渠道的合作、协调、冲突、认同、承诺、弹性程度（灵活适应性）等；定量方面则如单位配送销售成本、单位仓储成本、缺货成本、顾客服务成本等。Kumar等（1992）将渠道绩效分为财务绩效以及关系质量绩效，并针对渠道的产出绩效，提出有三大构面：策略性绩效、销售绩效以及经济绩效。

可见，营销渠道绩效的构成大致可以分为两个部分。第一，渠道成员对渠道的贡献程度；营销渠道是一系列相互依赖的组织，它不只是一家企业在市场上做得最好——无论这个企业是制造商、批发商还是零售商。渠道体系内，每一个渠道成员都依赖其他成员开展工作。因此，没有成员间的相互合作和贡献，也就不能为终端用户提供产品或服务产出，绩效就根本不能实现。第二，渠道成员本身的绩效，即作为一个单独实体的组织绩效。除了对渠道的整体运作作出应有的贡献外，生存和发展也是各渠道成员的最终目的。

（3）供应链、价值链、需求链

1）安妮·科兰等（2003）认为："供应链是共同制造一种产品并将其销售给终端（最终用户）的所有单位的集合。"英国著名物流专家克里斯托费（2003）认为："供应链是指涉及将产品或服务提供给最终消费者的过程和活动的上、下游企业组织所构成的网络。"供应链管理是对企业联盟的管理，它们相互协作以创造价值从而改进其竞争力。一条完整的供应链除包括消费者之外，还包括供应商、制造商、分销商、第三方物流公司和零售商等企业或机构。

供应链类似于增值链，供应链与营销渠道的范围有交叉：营销渠道不包括生产商的供应商以及更上游成员，供应链不包括在生产和分销中不增加价值的渠道成员。供应链对于营销渠道的意义在于：它强调一种系统性思想或者说整体思想，即认为供应链是一种起始于顾客服务并且认为结果来自于整个渠道的集体努力的管理范式，而不是任何单个渠道成员的单独责任。其指导原则是使生产和分销链上上下下的产品流及信息流协调一致。

2）"价值链"这一概念最早是由哈佛大学商学院教授迈克尔·波特于1985年提出的。波特认为："每一个企业都是在设计、生产、销售、发送和辅助其产品的过程中进行种种活动的集合体。所有这些活动可以用一个价值链来表明。"企业的价值创造是通过一系列活动构成的，这些活动可分为基本活动和辅助活动两类，基本活动包括内部后勤、生产作业、外部后勤、市场和销售、服务等；而辅助活动则包括采购、技术开发、人力资源管理和企业基础设施等。这些互不相同但又相互关联的生产经营活动，构成了一个创造价值的动态过程，即价值链（value chain）。不同的企业参与的价值活动中，并不是每个环节都创造价值，实际上只有某些特定的价值活动才真正创造价值，这些真正创造价值的经营活动，就是价值链上的"战略环节"。波特的"价值链"理论揭示，企业与企业的竞争，不只是某个环节的竞争，而是整个价值链的竞争，而整个价值链的综合竞争力决定企业的竞争力。[①]

3）需求链：供应链（supply chain）的实质是以原材料、生产型投入、生产能力作为市场研究的起点；而需求链（demand chain）则正好相反，它体现了一种对市场认知——反应的观点，其出发点是具有特定需要的顾客细分群体，从而公司可以有针对性地组织不同的资源。

（4）运销、营销与流通

营销是个人和集体通过创造，提供出售，并同他人自由交换产品和价值，以获得其所需所欲之物的一种社会和管理过程（科特勒，2005）。它强调对整体营销活动、营销效率及营销制度的控制。其产生背景是在买方市场条件下，产品出现相对过剩，遭遇销售难的问题，产品不再简单通过贩运就能解决销售问题，必须采用各种营销手段来发现和满足消费者的需求，从而导致产品从采收到交至消费者手中的整个过程相比之前增加了更多程序、方式和职能，随之而来衍生的整个营销系统也更加复杂和完善。与"运销"相比，营销更能体现现代市场营销的系统性、整体性思想和产品创造与产品交易的经营理念。

运销是把产品与服务从生产者转移至消费者的种种商业活动的执行，使消费者在合理价格下，满足其在时间、地域以及形式上的各种需求。Kohls和Uhl（2001）认为运销包括三个流程：集中、均衡、分散。它偏重于讨论产品产后加工、包装、运输、储藏和销售的"运"、"销"技术条件和内容，

———————————

① 后来有学者认为价值链对购买—生产—消费所采取的水平或垂直式的线形观察角度具有局限性，而现实企业往往与其他公司的联系或者关系非常复杂，因而提出了价值网络（value network）的概念，即一个公司为创造资源、扩展和交付货物而建立的合伙人和联盟合作系统。

对产品产前、产中和产后的整体营销计划，营销策划和产品创造，产品交易以及消费者服务的现代营销思想和理念的反映和运用受到限制。它主要适用于卖方市场环境下通过运输使产品从产地到达销售地，弥补农产品在不同时空存在的需求差异。

流通是指产品离开生产部门进入商业流通部门，从生产者转移到消费者的过程中所发生的社会性移转与经济性移转。所谓社会性移转是产品被移动到不同的地点，而经济性移转则是指借由产品的转移，提高产品的效用，并使产品的附加价值提高。

（5）农产品、农产品营销渠道

农产品包括的范围非常广，其门类也极其多样繁杂。例如，根据是否经过加工，可以分为初级农产品和加工农产品，前者包括种植业产品、畜牧业产品和渔业产品等多个大类，而且每个大类下又有多个小类和不同品种。显然，选择何种产品范围作为分析对象，需要根据研究所属学科、研究问题、研究目标和研究方法等实际需要来加以综合考虑。

对于农产品营销研究领域，在具体分析产品的选择上可以归纳出如下几种主要处理方式和特点：①以农产品所形成的特定市场作为研究分类标准。这种分类和选择的依据是，产品营销分析的根本前提首先应该是市场的存在，因为现代意义上的市场已经不单指商品交换的场所，而是扩展到买卖各方的关系及其意志。这也是目前国内外农产品营销研究最为常见的产品分类办法。例如，安玉发和臧日宏（2005）认为农产品营销要认真考虑农产品的自然属性和产销特点，将农产品划分为流体农产品、纤维类农产品、鲜活农产品、串味农产品、耐储农产品和有机农产品，但是在进一步分析具体营销问题时则转变为研究蔬菜市场、肉类产品市场、奶类产品市场、禽蛋产品市场、水产品市场和水果市场。当然，还有很多农产品营销学者论述了谷物、棉花、油料、甚至烟草等市场的农产品（库尔斯和乌尔，2006；李崇光，2004）。②根据渠道分销或流通特征进行专门的农产品分类研究。例如，生鲜蔬果（fresh fruit and vegetable，FFV）营销就突出了蔬菜和水果产品在生产和流通过程中的相似性（Leroux et al.，2010）；而对其稍微扩大的研究分类又有包括了蔬果、花卉等园艺产品（horticultural product）分类（Neven and Reardon，2004）；甚至再扩大到鲜活农产品（perishable produce，PP），它包括蔬菜、水果、肉禽蛋、水产品等，以强调其易腐烂性或高流通损耗性的营销特征（Martin and Jagadish，2006）。

上述按照市场形成或产品流通特性来研究分类农产品的营销活动，都遵从了研究便利性和目的性的科学准则。然而，对于营销学科更加具体的营销渠道研究，这些分类方式也存在一定的不足和局限性。其一，初级农产品经过了渠道链价值增值后，在靠近消费者环节一端，将农产品理解成食品可能更加恰当。简单地说，农产品从地头到餐桌，经过或多或少的加工，往往发生了物理性或化学性的改变，如橘子汁、色拉、鲜切菜、速食快餐等。因此，农产品营销渠道不仅仅是一个水平的市场问题，更多地具有纵向市场特征。例如，美国农产品营销学者库尔斯和乌尔在《农产品市场营销学》一书中，就大量使用了食品或食品营销的说法（库尔斯和乌尔，2006）。其二，一些社会经济快速发展和转型的国家，大量研究的用词在农户环节和消费者环节也出现分化，如在农户环节谈论"农产品"的产销对接，而在消费环节则更多地谈论"食品"安全（Noomhorm and Ahmad，2008）。显然，在这些经济快速发展和转变的国家，由于市场竞争和流通技术进步，农产品的渠道分销活动已经出现了更多新的挑战。

综上所述，本研究定义的农产品营销渠道是指：农产品或食品从生产者分销到消费者过程中的所有组织、所经过路径、所实现全部流程、所产生各种关系交换的多维集合体。一方面，本研究所指的农产品主要指鲜活农产品，包括蔬菜、水果、肉禽蛋、水产品等。另一方面，本研究在广义角度来理解营销渠道的丰富内涵，具体包括渠道结构、渠道组织、渠道职能、渠道绩效和渠道关系五个方面。

1.1.2 营销渠道理论

（1）营销渠道结构

结构是一种集合组成关系，Rosenbloom（1999）认为渠道结构是指一系列承担分销任务的渠道成员间的一种集合组成关系。渠道结构描述了渠道中各种类型的成员，市场上共存的每一类成员的密度和数量以及市场上共存的不同渠道的数量（Stern et al.，2000）。Bucklin等（1966）将渠道结构视为组成渠道机构的特定形式、数目与组织，故渠道结构的内容至少应包含所使用中间商的宽度、长度及密度。因此，制造商、批发商与经销商等均应属于渠道成员（Kotler，1967）。Stern等（1989）将渠道结构视为群体间表现交换之形态，认为渠道结构的阶层数目会受市场因素、产品因素、公司因素与渠道成员因素的影响。周雅燕等（2006）更指出具备超组织特性的营销渠道可称其为营销渠道网络（distribution network）。

Bowersox（1992）认为不同渠道结构的安排会影响到下列结果：①厂商对分配功能执行绩效的控制；②运送及沟通效率；③分配渠道成本。

李飞（2003a）认为渠道结构（包括长度、宽度和广度三个维度）的确定是渠道设计的核心内容。分销渠道规模设计，最为重要的是找到关键性的影响因素并设定各影响因素的相应权数。因此，渠道结构可以说是产品或服务由生产商到消费者过程中有关成员阶层、数目和彼此间权利义务关系的表现。适当渠道结构的选择有助于厂商有效执行配销功能与沟通效果，同时最适化渠道成本。

一般常用的渠道结构分类是透过渠道长度（length）、宽度（width）与密度（intensity）来加以区分。

1）渠道的长度。渠道的长度指中间商的层级数目，一般而言，大致可分为四种形式：零阶渠道、一阶渠道、二阶渠道、三阶渠道（Kotler，1967）。在管理上，长度越长，厂商就越不容易控制产品的流程。

2）渠道的宽度。渠道的宽度指厂商的产品有几种类型的渠道选择，一般而言，消费市场的宽度大于工业市场，亦即顾客于消费品的渠道选择多于工业品。

3）渠道的密度。Michman（1990）认为营销范围策略就是密度策略，亦即厂商的配销政策。渠道的密度可分为密集配销（intensive distribution）、选择配销（selective distribution）与独家配销（exclusive distribution）三种形式。

4）渠道系统。Mc Cammon（1963）提出营销渠道成员结构分为传统垂直结构系统（conventional marketing system，CMS）与垂直营销系统（vertical marketing system，VMS）。Mohr 和 Nevin（1990）将其各别分述为分离式（discrete）与关系式（relational）渠道结构。

在渠道结构研究中还出现了三种重要的理论和思想。

1）渠道结构系统化理论。传统渠道结构理论认为，渠道是由一系列独立的机构与组织组成，这些机构之间分工明确，目标独立而且利益对抗。事实上这些看似独立的机构其各自完成的任务是相互依赖的。厂商需要依靠中间商将自己的产品送达尽可能多的消费者手中；中间商依赖厂商为他们提供产品，从而实现其赢利目标；消费者依赖厂商为其生产所需的产品，并依赖中间商将异地厂商的产品在适当的时间、适当的地点转移到自己的手中。由于渠道机构组织间的这种相互依赖性，流通渠道可以视为一个网络系统。在这个系统中，存在一系列为了拥有共同的"产品"而相互联系和相互影响的子系统（即厂商、批发商、零售商、消费者等）（斯特恩等，2001）。既然分销渠道是一个系统，那么它就应该遵循系统运行的基本特征：整体性、有序性、相关性、开放性。

2）渠道结构立体化理论。分销渠道空间是指存在于渠道中的各种物质实体的结构关系在地理空间上的延展。它包括厂商、中间商及消费者之间构成的空间范围。从纵向看，点、线、面是流通渠道空间模式构成的基本要素。点：渠道中的流通力量（人、财、物）在市场上所选择的关键点，如具有分销中心功能的城市、贸易中心等。线：是渠道中商品流通的线路。面：指"点"与"线"所构成成为商品辐射范围及域面。分销渠道空间结构的立体化在现实中常常出现非优状态：一是表现为流通渠道空间内部的各机构主体之间的关联和聚集不合理，呈现出形态上的混乱和功能上的低效率；二是渠道空间结构的变动滞后于社会经济发展水平，各种要素的成长发育与现实的社会需求不相适应。因此，分销渠道空间结构的研究还必须包括结构优化内容。

3）渠道结构扁平化理论。厂家—总经销商—二级批发商—三级批发商—零售商—消费者可谓是传统渠道结构中的经典模式，也称金字塔渠道结构模式。这种模式以其广大的辐射能力，为厂商占领市场、扩大市场占有率做出了卓越的贡献。中间商的渠道作用在传统渠道结构理论中也得到了充分肯定。但是，自20世纪末以来，尤其是进入21世纪，对这一经典模式的倒戈呼声日益高涨。这一现象的出现主要有两方面的原因：一是传统金字塔形渠道结构模式存在不可克服的先天弊端；二是时过境迁，21世纪新的环境特征导致传统渠道模式难以满足新形势的要求。

4）渠道对角线（channel diagonal line）转移。渠道对角线理论是由著名营销学专家舒尔茨提出的。这一理论研究是对渠道成员的渠道地位转移规律进行动态研究的一种新的尝试。研究表明，随着时代的变化，渠道地位由初期的生产商拥有过渡到发展时期的中间商拥有，最终在步入成熟期时将由消费者拥有。整个演变过程呈对角线状。因此，舒尔茨把这种渠道地位转移现象称为渠道对角线转移。对角线理论的提出在理论界引起普遍关注，人们对其形成原因进行更加深入的探讨。笔者认为，渠道对角线转移现象的出现是渠道权力受环境变迁，渠道权力在渠道成员中的控制程度不断演变的结果。根据传统渠道行为理论的研究，渠道权力直接关系到渠道成员在渠道中的地位及对其他成员的支配能力，最终表现为渠道获利能力的大小。为此，从任何一种渠道模式形成之日起，渠道中的成员都在为谋取和培养渠道权力而不懈地努力着，正如前文分析的那样，渠道成员中的相互依赖性关系使得渠道成员之间拥有相互的渠道权力。但是，在任何时候渠道权力在各成员中的分布都不可能是均衡的，总会因为这样或那样的原因，使得渠道中的某个成员对其他成员拥有更多的渠道权力。然而，这种状态维持不了多久，便又会因为各种影响因素的变化，而使渠道权力发生动态转移。从这样一个假定出发，分销渠道成员不会自发地合作，这是因为一个渠道成员的行为一般不利于另一渠道成员。每个渠道成员各自去寻求自身利益的无约束行为只能产生次优的结果，只有通过施加渠道权力，才能使各不相同的渠道成员产生合作行为。因此，须激励和引导由不同组织和个人组成的群体去共同努力。权力常常是不可缺少的。从另一角度看，权力是通过占有和掌握对方认为重要的资源所获得的。这些资源是在相互关系中能够产生和代表每个渠道成员的依赖、信任和对他人忠诚的那些资产、特性和条件。值得注意的是，权力是双向的，每个渠道成员都掌握着某些重要的资源（斯特恩等，2001）。

5）新型中间商生存理论。21 世纪因特网作为信息技术发展的应用基础，使信息的交换与处理变得异常简单与方便，而且成本越来越低廉。生产者与消费者在因特网上直接沟通与交易成为一种轻而易举之事。在渠道结构中一直处于重要地位的批发商与零售商等中间商机构，在继 20 世纪初的"生存之论"之后，又一次面临着生死存亡的重大抉择。当前，传统渠道中间商再次受到渠道成员排斥的主要缘由是中间商在渠道中的正面效应（降低交易成本、提高交易效率）正在缩小，而其负面效应（如产生渠道矛盾、增加消费者价格负担等）却在扩大。摆脱中间商的控制，成为渠道其他成员的共同愿望。为了实现这样的愿望，厂商以多种方式扩大企业的规模，增强企业的实力，以此达到摆脱中间商或扩大渠道控制力的目的。面对严峻的形势，传统中间商唯有应时而动，根据形势的要求，对原有的组织体制进行全面的改革。改革方向就是通过股份制改造扩大现有企业的规模，提高市场集中度，通过规模化经营达到降低渠道成本，提高渠道效率，重振新时期渠道中间商作用之目的。因此，新型中间商与传统中间商的区别就在于传统中间商直接参与生产者与消费者之间的交易活动，是交易的轴心；而未来的新型中间商将减少或不一定直接参加生产者与消费者之间的交易活动。它可能只是为整个交易提供信息传递、实物配送、货币支付的交易平台，提高渠道交易的最终效率。

（2）营销渠道职能

渠道职能是为了完成营销过程而采取的主要专业性活动。通常营销的职能可以分为三类：交易职能、实体职能和辅助职能。产品从生产者到最终消费者，需要经过不同的阶段，职能相应由营销渠道的各个环节共同或分别承担。

有关营销职能的研究最早可以追溯到 1915 年，在这一年，职能学派创始人美国经济学家阿奇·萧发表了题为《市场分销中的若干问题》的文章，这是第一篇对现代意义的市场营销学进行了系统探讨的专业性文章，同时也宣告了市场营销思想的诞生。他提出了"中间商职能"以研究以往中间商所从事的有益的工作，他指出银行作为中间职能者因完成传统中间商的经济支持工作而得以发展，而保险公司由于替代传统中间商完成风险分担而得到发展，此类中间商将在销售、组合、分类和再运输等方面继续巩固其地位。

随后，1916年，韦尔德是第二个提出一套市场营销职能的学者，他立足于农业领域，主要研究如何使农产品得以销售以及中间商在此销售系统中的作用，他将市场营销职能定义为为了将商品从生产者手中转移到消费者手中而必须完成的任务。1917年他还提出了七种市场营销职能。

1932年，弗莱德·克拉克和韦尔德写的《农产品市场营销》一书中指出，市场营销系统的主要目标是使产品从种植者那里顺利地转移到使用者手中。这一过程包括三个重要而相互关联的过程：集中（农产品收购）、平衡（调节供求）和分散（化整为零销售）。该过程包含七种市场营销职能：集中、储存、融资、承担风险、标准化、销售和运输。而著名管理学者克拉克出版的《市场营销原理》（1942年）一书把功能归纳为三类：交换职能——销售（创造需求）和收集（购买）；物流职能——运输和储存；辅助职能——融资、风险承担、市场信息沟通和标准化等。

Wroe Alderson 在其《营销行为和经理行为》一书中提出了"职能主义"。他指出，职能主义是发展营销理论最有效的途径，每一机构在市场营销活动中都有其独特职能，其存在关键就在于比其他机构更有效地提供某种服务。市场营销的效能就在于促进有利于双方的买卖。

Bucklin 于1966年出版的《分销结构理论》对职能学派的学术思想进行了完善，其目的是解释分销渠道的演变。他使用微观经济的职能主义方法，根据运送时间、货物数量和市场分布来分析分销渠道的服务产出，从而论证为了实现运输、盘存、查询和生产等产出而必须执行的职能。还有些学者扩展了对职能学派的数学研究，他们根据奥德逊的早期工作，建立了分销渠道的数学模型，该模型建立在合作、竞争及其交易成本的影响等关键概念上。其理论的基本前提是交易行为需要一定的成本，因而就存在降低成本的可能性。巴克林还为此提出了营销渠道的四类基本的服务任务：空间的便利性，一次购买商品的数量，减少等待或交货的时间以及品种的多样化。营销渠道通过提供这些服务传递服务质量，使顾客满意。

菲利浦·科特勒在《未来营销渠道的职能与发展》[①] 一文中系统总结和提出了渠道的八种职能：①信息研究，未来营销者首先应搜集必要的信息情报以利于制订营销计划和适应市场变化；②促进销售，未来将更多地以引导性信息的传播达到促销的目的；③寻求接触，未来营销者应当更加注意一切潜在的消

---

① 该文具有前瞻性，对未来营销渠道职能的发展趋势做出了预测：指出了未来营销渠道的职能从单一职能向多职能的转变；随着职能作用的完善，"中间环节"的概念将会产生根本性变化；指出效率与有效性的权衡是职能分工的基础；除非控制的职能在技术手段上能产生根本性变化，短时期内营销渠道的层次将不会发生大的改变，鲜明地对营销渠道的运转提出了预见，"方便与快速"将成为未来营销渠道的运转核心内容。

费者，并积极地与之进行接触；④配套服务，为使产品或劳务满足消费者的要求，配套服务将更为必要，这包括生产制造、品质分等、装配及包装等；⑤交易谈判，在价格和有关条款上的协议，将直接影响到所有权转移的形式和规则；⑥商品合销，即产品的储存与转移；⑦奖金调配，未来营销渠道对奖金的回收与支付要求更高，以有效地节约营销成本；⑧预见风险，未来的营销者必须对营销活动中可能会发生的风险有较好的预见性。前五种职能是协助达成交易的必要手段，而后三种职能则是完成交易时的关键。

此外，科特勒还对该由谁来执行这些职能进行了探讨。他认为，一般来说，任何一种职能都包括了三个方面的问题。第一，对公司而言，要执行职能就要消耗有限的资源；第二，如果使职能专门化就可以使其发挥得更加有效一些；第三，在一个体系中营销成员所发挥的职能作用是可以变换的。从生产制造者的角度来讲，如果是由其自己来执行这些职能，其成本势必增加，产品的价格也会随之提高。但是，如将某些职能由中间商来完成，生产制造的成本和价格就会降低，当然，中间商会从中得到一些好处，但这有效地帮助生产制造商减少了对外接触的次数。因此，究竟由谁来执行营销渠道中各种不同的职能问题是一个效率和有效性之间的权衡问题。

尽管在 1971 年之后，营销职能学派被管理学派所代替而渐渐淡出，营销职能也不再作为市场营销学的主要研究对象，但是营销职能及其职能研究方法在今天的研究中仍然有理论价值。目前，与营销职能研究较为相关的是分销渠道的交易成本分析、市场营销系统研究、市场营销系统和社会之间相互作用分析。

（3）营销渠道效率

早期的农产品渠道研究主要是以效益和效率为中心的配销通路研究和销售研究。20 世纪初，渠道结构理论的奠基人韦尔德于 1916 年出版的《农产品市场流通》一书中首先论及农产品营销渠道的效率问题，认为中间商职能专业化有利于农产品营销经济效益和效率的提高，因而专业化的中间商所从事的分部营销是合理的。

科特勒认为营销渠道存在的根本原因是中间渠道成员可以提供增值服务和降低渠道成本，具体来说包括四个方面的原因：简化搜寻、增加效用、交易常规化、减少交易次数。

（4）营销渠道协同

渠道协同（channel synergies）是指渠道成员为了共同及各自的目标而采取的共同且互利性的行为和意愿，是渠道成员之间为避免渠道冲突和降低交易成本而由原来的简单交易关系发展成为密切合作的伙伴关系（又称战略伙伴关系，strategic partnership）。即渠道内各成员之间应发展和保持密切的、固定的合作关系，使传统渠道关系由"你"和"我"的关系变为"我们"的关系。战略伙伴关系需要各成员间的沟通、合作、信任和协议（斯特恩等，2001）。通过建立战略伙伴关系，可以对有限资源进行合理配置，降低渠道总成本，提高渠道的经营绩效，使分散的渠道成员形成一个整合体系，渠道成员为实现自己或大家的目标共同努力，追求双赢（或多赢）。另外，战略伙伴关系在渠道运行中的具体体现又称"无缝渠道"。但是战略伙伴关系的形成，需要一些特定的条件：①渠道成员充分认识并承认相互之间的依赖关系；②有一个共同的努力目标；③渠道成员之间相互信任与沟通；④每个渠道成员都清楚地知道自己在渠道中的作用与功能，共享的权利和责任。只有同时具备上述四个方面的条件，战略伙伴关系才能得以维持与发展。战略伙伴关系实施的结果会产生一种所谓协同效应（synergistic effect），是指企业在战略管理的支配下，企业内部实现整体性协调后，由企业内部各活动的功能耦合而成的企业整体性功能，它远远超出企业各战略活动的功能之和。

（5）营销渠道成本

营销渠道成本相关研究，较有代表的理论包括布克林（Bucklin L P A，1970）的渠道总成本理论和威廉姆森（Williamson O E，1979）的交易成本理论。

交易成本理论所考虑的是：分销任务是由生产企业自己完成还是通过中间商来完成；其分析方法的经济基础是，交易成本最低的结构就是最适当的分销结构。因此，交易成本分析方法（transaction cost analysis，TCA）的焦点在于公司要达到其分销任务而必须耗费的交易成本。交易成本主要是指分销中活动的成本，如获取信息、进行谈判、监测经营情况以及其他有关的操作任务的成本。交易成本理论的权威人士威廉姆森认为，如果需要的特定资产很高，那么生产企业就应该倾向选择自己完成分销任务。他认为：组织同人一样具有机会主义倾向，组织中的人在他们处于支配地位时，都能充分意识到这一点。因此，如果独立的渠道人员控制了绝大部分或者是全部的特定交易资本时，他们就会自视过高，并开列出一些倾向于自身利益的条件，其结果是交易成本增加到一个不经济的水平。对于生产企业来讲，预防这种情况发生的最保险的方式，就是将特定交易成本控制在公司内部，即选择不需要中间商参与的直接分销方式。另一方面，如果特定交易成本不高，企业就不必担心将它们分配给独立的渠道人员，即选择由中间商参与的间接分销方式。

20世纪80年代美国渠道问题专家布克林提出了"分销系统总成本最低原则理论"。他认为，分销系统设计面临两大"相反相成"的制约因素；其中一类因素如消费者需求多变、市场日益细分、产品花色品种越来越多等，要求渠道系统尽可能推迟订货时间，即"延后订货"，使订货时间更接近消费时间，减少订货后需求变化带来的货不对路风险。另一类因素如生产的规模经济性、消费者购买的随机选择、减少多次进货的较高成本、减少存货断档带来顾客"跳槽"的机会损失等,又要求渠道系统通过"尽早订货"来实现。显然,"延后订货"有低风险的好处,但增大了机会成本;"尽早订货"可以产生规模经济效益,但风险较大,分销成本较高。这两类因素相互作用,决定了分销渠道的组织特征,即是由生产企业实现分销,还是由中间商来实现分销,才能更加合理。

1.1.3 营销渠道假说

从 1916 年渠道研究的奠基人韦尔德首先关注渠道效率以来,之后的 90 年时间里,关于渠道效率、渠道绩效、渠道竞争力等方面的问题一直是渠道研究的焦点。大量学者作了深入研究试图弄清如何选择、构建和评价高绩效的营销渠道,或者对已经在现实中存在的渠道管理现象在理论上做出合理的解释,比如中间商为什么会存在,渠道是否创造价值,等等;或者提出一些有关渠道职能、渠道结构方面的假设,比如职能放弃假设、零基渠道假设等。

(1) 渠道职能放弃 (channel function spin-off) 假说

Mallen (1973) 在 1973 年发表在《营销学报》上的关于"职能放弃假说"的文章,是对渠道职能的研究最有价值的贡献 (郭国庆,1999)。他提出了职能放弃概念上的八个假设,实际上包括四个维度 [1) ~4) ——层级数量维度 (number of levels)、5) ——渠道数目维度 (number of channels)、6) ——中间商类型维度 (middlemen types)、7) 和 8) ——中间商数目] (Mallen, 1973)。

1) 如果一个市场流通中间商比生产者执行一项职能的效率更高,则后者就会把这项市场流通职能转移给前者去执行。

2) 如果大范围的商品交换能够带来持续的经济效益,产业中中间商(也可能是独立中间商)的比例将会变大。

3) 如果生产者自己执行该项职能的效率不低于后者的话,生产者将会自己保留或者从市场流通中间商中重新承担起一项市场流通职能。

4) 如果一个市场流通中间商在执行一项市场流通职能时,发现一个可能更专业化的市场流通中间商在执行部分职能(也就是一个分职能)时效率更高,他就会放弃这一份职能而给后者。

5) 如果一个生产者发现由于上面假设 1) 中的原因,在向他的一个或更多市场进行市场流通的过程中由中间商执行指定市场这一职能更有效,他就会在向这一个或更多市场进行流通时放弃这一职能。而如果在进行流通时,由于上述假设3）中的原因，他至少能以同样效率执行这一职能，他就会在这个或更多市场中保留或者重新承担这一职能。

6）如果是由市场流通中间商们来认定一个产业的特征，那么职能的划分和职能的放弃与否及其组合将决定中间商的角色。

7）（每一渠道层次上）市场的最优规模越大，形成的市场流通渠道成员也越少。

8）技术的变动以及最优规模的增长，如果不能带来相应的市场规模的变动，都会使公司离开这一渠道；反过来也是一样。

（2）零基渠道（zero-based channel）假说

安妮·T. 科兰等提出了零基渠道的概念，即认为理想的渠道是既能够满足服务产出的需求，又能以最低的成本执行必要的渠道流的渠道。他们认为如果要构建一个理想的渠道系统，需考虑三个方面的问题：①在不损害顾客或渠道满意度的前提下，哪些是没有价值的功能。②有无多余的营销活动？其中哪些活动或者流程可以排除而使整个系统的成本最低。③是否有办法去除、重新界定或者联合某些活动，使销售的步骤或者环节最少，从而降低产品进入市场的成本（Coughlan et al.，2001）。

（3）高绩效营销渠道（high perfomance channel）假说

结合前面的职能放弃假说和零基渠道假说，我们认为高绩效的营销渠道（链条）所必须具备的特征有：①消费者视角。产品或服务完全适应或者符合消费者的需求；消费者满意，即以合理的代价获得渠道效用和价值。②渠道职能视角。渠道职能都被完整履行。③渠道结构视角。渠道环节少，且无多余渠道环节。④渠道成员视角。履行这些职能的渠道成员是高效率的，而且是专业的，如果自身不是履行职能的专业化组织，则将这些职能转给专业化组织来履行，以提高流通效率；渠道成员之间的连接是无缝的，高效率的；渠道成员间交易成本低。⑤渠道利润分配视角。每一个渠道成员要分享渠道利润，必须要对产品在流通过程中的价值增值作出贡献；渠道成员间的利润分配是合理的，即与所作出的贡献相匹配。⑥关系视角。注重长期合作关系。

1.1.4 营销渠道范式演进

1.1.4.1 国外研究进展

（1）营销渠道理论范式

根据研究范式不同，营销渠道理论发展大致可以分为三个阶段，即渠道结构范式（structure paradigm）、渠道行为范式（behavior paradigm）和渠道关系范式（relationship paradigm）。

1）结构范式——结构设计和和效率决定。渠道结构范式主要借鉴新古典经济学方法，强调渠道系统的"效率"标准，重点考察价格和成本、销量和利润、服务和营销、产品和技术、内部组织结构、外部经营环境等经济因素，主要的分析方法是微观经济理论和产业组织分析方法，尤其是"结构—行为—绩效"的分析方法（SCP）。一些学者认为，只有良好的渠道构造，才能带来更高的绩效水平。例如，渠道结构、渠道职能和渠道流等方面上升为企业营销战略层面需要认真地进行设计（Stern et al.，2001）；渠道设计是一个系统过程，必须根据环境变化对渠道进行修正、调整甚至重新设计（Bowersox and Morash，1989；Narus and Anderson，1996）；终端消费者在渠道设计中是需要重点考虑的因素（Bucklin et al.，1996）；特定的渠道战略一旦实施，就会产生长期的影响并很大程度上决定了企业的市场机会（Wren，2007）。因为渠道成员的延期和投机行为产生收益比较，使得渠道职能会发生转变（Mallen，1973）。Davis（1993）对爱尔兰炸鸡市场的研究指出，渠道集中度、超市规模等显著地影响了企业绩效的表现。Messinger 和 Narasimhan（1995）考察了美国食品市场，他们运用"结构—行为—绩效"（SCP）方法比较食品批发商和零售商的绩效关系变化。在存在明显产品差异性（高质量和低质量产品）的市场中，不同的渠道结构形式（一体化或离散化）企业会带来不同的利润水平（Zhao et al.，2009）。

2）行为范式——行为的交互性和多维性。渠道行为范式的发展有赖于新制度经济学的突破和进展，它同时糅合了社会心理学和组织理论的观点，重点考察渠道成员的行为交互，如权力—依赖关系、冲突、合作、机会主义行为、信任和承诺等，其分析的层面更加微观，甚至涉及渠道成员的各种心理认知和情感。这些相关研究不断打开了渠道微观行为交互的"黑匣子"。"行为范式"理论的早期，较多讨论渠道控制问题。Bucklin（1973）最早定义的渠道控制概念：个人、群体或组织有目的地影响其他个人、群体或组织行为的过程。他借鉴经济学和行为学（权威理论）来分析渠道控制问题，并认为供应商要实现控制/权威，中间商自然就会形成相应的容忍曲线和所要求的收益曲线。这两条曲线共同决定了供应商在不同阶段的渠道控制战略，即说服、权威和强制。后来的一些学者对此作出了重要评述和修正（El-Ansary and Robicheaux，1974；Etgar et al.，1978；Skinner and Guiltinan，1985；Ahmed，1993），并厘清了控制与权力的关系及其影响，认为渠道控制是一个渠道成员对另一个渠道成员行为和决策变量的成功影响，而渠道权力只是一种潜在的影响能力，两者存在明显的差别（庄贵军，2004；张闯，2006）。随着渠道行为理论研究的不断深入，"权力—依赖"（power-dependency）的分析逻辑很快被应用于渠道管理理论（Frazier，1983；Hingley，2005；Cani ls and Gelderman，2007），认为渠道成员的关系、地位和作用力是双向和多重性的；渠道冲突体现在两个方面，情感冲突和任务冲突，它将会阻碍渠道战略实施和渠道绩效提升（Rose and Shoham，2004）；机会主义行为主要取决于渠道成员对所有权、专用性资产和不确定性的认知差异（Brown et al.，2000）；渠道成员的合作，除了要求资源和能力的相互匹配，还要求渠道成员目标兼容、相互信任并践行允诺（Kim，1999）。

3）关系范式——交换关系扩展到关系交换。营销学理论早期所指的渠道关系仅仅指渠道的交易关系（transaction relationship）或交换关系（exchange relationship），强调渠道产品或服务的层层分销。在提出关系营销范式之后，渠道关系的内涵开始扩大，从离散的交换关系到关系交换的连续谱，这个连续谱包括渠道的合作型、契约型、管理型和惯例型等（Macneil，1978；Boyle et al.，1992）。Weitz 和 Jap（1995）对渠道关系研究重心的转移做了一个总结，他们认为这种转变表现为：由使用权力治理的传统渠道中的合作性渠道结构和关系，转变为涉及契约的和规范控制机制的独立企业之间的关系。Jap 等（1999）分析了渠道成对成员之间（买方和买方）的关系质量，他们认为关系质量就是对关系各方面的评价集合，包括态度的、过程的和未来期望的关系等方面。信任、情感的或感知冲突、解散和持续性期望是识别关系质量的主要方面。而且，成员交互行为与关系质量有相关性，这些交互行为包括：亲密程度、争执、容忍等。Hibbard 等（2001）分析了供应商渠道破坏性行为以及经销商对破坏性行为的反应，两者对长期渠道关系维系的影响，他们扩展了破坏性渠道行为反应的分类（退出、声明和忠诚）。Kim（2007）分析了供应商—分销商之间渠道关系行为（关系专用性投资和沟通）对渠道交易成本的影响，以更全面地检验渠道关系行为与交换绩效的相互作用。

(2) 营销渠道变革成因和变革机制的研究

第一，渠道绩效和渠道费用的变化导致渠道变革。Quinn 等（2005）考察了渠道整合、集聚、规范化对渠道参与和渠道职能的影响，认为渠道资产专用性、不确定性和规模经济是诱发渠道变革的主要因素。渠道整合需要决定"企业生产还是市场购买"，即采用直接渠道还是间接渠道（Aithal and Vaswani，2005）。Anderson 等（1997）指出，高交易费用情形下往往要求对专用资产的高投入，从而倾向于采用直接渠道的结构形式。渠道活动的非规模经济性会促成渠道职能的外包（Bruce，1996），而渠道中间商的职能细分和专业化恰好能够实现规模经济（Whthey，1985）。这正是渠道中间商和复杂分销渠道系统形成和存在的重要原因（Michman，1990）。

第二，制度和环境的变化要求渠道系统不断地调整和适应。Bucklin（1965）曾指出营销渠道系统的存在不过是对环境的一个适应过程。Stern 和 El-Ansry（1992）、Rosenbloom（1999）分别强调了环境变量和行为变量的影响。Wilkinson（1990）强调渠道系统具有平衡和自组织（self-organisation）能力，认为渠道系统是动态和自我调控的，以此对抗环境的扰动和不确定性。Grewal 和 Dharwadkar（2002）研究了营销渠道系统与经济社会同步性和适应性问题。大多数学者认为，营销渠道结构的变迁与经济发展水平密切相关（Bruce，1996）。

第三，渠道内部"权力－依赖性"关系的变动内在地推动了营销渠道变革。西方渠道理论对渠道行为的分析紧紧围绕着依赖性、权力、合作/冲突这三个变量。Skinner 等（1992）的研究表明，依赖和权力之间存在正相关性。另外，强制性权力导致冲突，降低合作的意愿；而非强制性权力则减少冲突，提高合作的意愿（Gaski，1984）；而且，渠道结构、渠道治理结构和渠道控制结构三者紧密联系（Weitz and Jap，1995）。这使得渠道控制愿望和能力的任何表达都将会造成渠道变化。

（3）营销渠道模式理论的研究

第一，渠道模式的内涵。从渠道组织的角度看，渠道模式包括传统型、垂直型和水平型（Stern et al.，1992）。从渠道治理的角度看，渠道模式包括公司型、关系型和市场型（Coughlan et al.，2001）。20 世纪 80 年代以来的营销渠道理论重点关注关系型渠道模式（Wilkinson，2001）。关系型渠道模式是一个涵盖了从混合管理（hybrid governance）到战略联盟（strategic alliance）的不同关系程度的连续分布。

第二，渠道联盟模式的研究。主要包括以下几点：①渠道联盟的实质、目的和绩效评价。Jap（1999）认为联盟是权利安排的再平衡。Coughlan 等（2001）认为渠道管理联盟的实质是承诺和信任，其的研究则表明，由于市场竞争变得更加激烈，厂商开始放弃其渠道中的"高压控制权"，开始将渠道成员视为合作伙伴。Stern 和 El-Ansry（1992）认为渠道联盟背后的动机是提高渠道营销价值和（或）减低渠道总成本，从而提高渠道的绩效。②渠道联盟成员的行为模式。Heide 和 George（1992）指出，假定存在连续性，建立联盟的下一步是获得对方的忠诚。Mohr 和 Nevin（1990）认为信任和沟通相互加强了渠道联盟。③渠道联盟的生命周期。Coughlan 等（2001）将营销渠道联盟的关系划分为认知、试探、发展、承诺、僵化直至恶化等阶段。

1.1.4.2 国内研究进展情况

（1）营销渠道变革的研究

第一，营销渠道成员的变革。在消费者环节，交互市场条件下的消费者演进主要表现为消费层次增高、消费选择增强、高消费理性和高消费情感化并存。通过对经济转型期中国多个大中城市消费者行为的调查分析，指出经济转型期消费者零售终端选择发生了有规律的分离和互补。在零售商环节，变革焦点始终围绕新旧零售业态的互补性和竞争性问题。从中国放活市场经济开始，百货商店、专卖店、连锁超市、大卖场等各种零售业态的变化交织着突进、萎缩、反思和平衡的成长烙印（夏春玉，2003）。在中间商环节，渠道职能转换和现代交易方式选择是两大变化特征。由上可知，营销渠道成员的变革表现在多个方面，包括新技术的采用、新的市场行为、新的业态形式以及更迭交错的发展态势等。

第二，营销渠道系统的变革。一方面，中国营销渠道系统演进路径与传统分析基本吻合。学者主要参考了 Stern 等（1992）的思路，也即"大量市场分销→细分市场分销→子细分市场分销→矩阵分销"的渠道演进路径。此外，李崇光和孙剑（2003）以农产品流通渠道为例，结合美国营销渠道的历史演进特征，提出了渠道系统变革的五个阶段，即"产品运销阶段→中间商销售为主的阶段→垂直一体化渠道阶段→以顾客为中心的渠道阶段→渠道整合阶段"。而王颖和王方华（2006）提出了结构范式、行为范式和关系范式下渠道系统的演进规律。另一方面，渠道系统变革的具体内容，主要表现在渠道长度、宽度和广度的变化，渠道权力位移，渠道成员关系演进以及渠道治理形式的演进等方面。杨慧（2002）利用对角线转移理论讨论了渠道权力重心向渠道链条下游发生位移的现象。孙剑（2003）的研究认为，传统渠道治理结构主要关注企业内部资源配置，而现代渠道治理结构则超越了企业边界，强调渠道共同治理和动态治理。

第三，营销渠道变革的作用因素研究。李飞（2003b）综述了国外几位著名营销学专家的观点，把渠道变革的作用因素归纳为市场变量、营销成本变量、环境变量、产品变量、企业变量、行为变量以及竞争变量等几个方面。另外，很多学者在这一范畴内进行了许多有益探索，如渠道效率和效益、渠道功能、技术、顾客需求导向和市场竞争等（王颖和王方华，2006）。由上可知，渠道变革的影响因素是广泛而复杂的，其中既有渠道内部因素（如效率、效益、功能、产品导向等），又有外部因素（如顾客需求导向、市场竞争、技术等）；既有宏观因素（经济环境、市场竞争、技术等），也有微观因素（产品特性、功能等）。渠道演变是内在动力与外在力量相互作用的结果。

第四，营销渠道变革的作用机制研究。陆芝青和王方华（2004）分析了营销渠道变革的内部和外部作用力，并构建了一个变革机制模型。该模型中，内部作用机制涵括了交易成本、渠道权力和价值链调整三个互动因素；外部作用机制则强调消费者需求模式变化构成推动力，政治、法律、社会文化和自然地理环境构成变革制约因素，以及技术进步形成的基础性支撑。该模型对于系统地思考渠道变革的作用机制有很好的参考价值。然而模型框架整体可靠性尚未接受进一步的检验，内外作用力的强度也没有得到很好论证。

（2）营销渠道模式的研究

第一，对营销渠道模式的内涵认识基本形成了三种观点。首先，主流的观点认为渠道治理关系即表现为营销渠道模式。这时渠道模式主要被归纳为所有权型、契约型（如特许经营、连锁和零售商合作）和管理型（李飞，2003b）。另外，合作伙伴型或战略联盟型的水平渠道治理模式也逐渐得到重视。其次，传统的观点认为，渠道结构的具体形态即表现为渠道模式。依据渠道长度的差异，结合公司实力、消费者渠道偏好、产品和营销成本等方面的分析，描述了企业在渠道密度和渠道类型上的优化组合模式与选择标准。最后，折中的观点认为，渠道治理关系和渠道结构共同表现为渠道模式。吴利化（2004）指出，渠道模式是从渠道结构上来设计的营销通路的三个维度以及渠道成员之间的治理关系。他们认为，中国渠道模式实践历程就集中体现在制造商的渠道介入能力以及中间商分布密度变化两个方面。

第二，营销渠道模式比较、选择和优化的研究尚无新突破。庄贵军（2004）分析了治理结构、控制机制和控制程度在营销渠道模式上的影响，认为减少渠道交易的投机行为是渠道控制的主要目标。朱秀君和王颢越（2005）使用了经济学博弈分析的方法，阐述了复合渠道模式的优势。范新河（2002）从社会选择的角度论述了渠道模式的选择过程，认为它是企业和消费者动态互动的结果。渠道模式创新和优化则主要关注新商业模式和新技术变革带来的各种影响（任燕和王克西，2004）。罗必良等（2000）认为新渠道模式成功与否很大程度上取决于能不能以较低的交易费用执行渠道功能。由上可知，渠道模式的比较、选择和优化研究还存在一些不足，如热衷对新技术或新商业模式的粗略探讨，局限于对渠道特定渠道成员的微观分析，使用粗糙和单一的经济比较分析方法等。

1.1.4.3　研究中存在的不足

综上所述，尽管学者们从不同的角度对营销渠道变革与创新等相关问题进行了有益的探索，使得这一研究领域日渐熙攘，丰富和拓展了渠道理论和研究方法。但已有的营销渠道变革问题等方面的研究还是较为单薄，总体来看，仍存在以下不足：

1）局限于从单个渠道成员的角度进行分析，而忽视从整个渠道链进行整体研究。目前国内现有的研究大多是站在单个组织或者渠道成员的角度来分析营销渠道中的种种问题，集中讨论如何设计和建立营销渠道、如何管理渠道成员等具体技术方面的问题，采取的是一种微观的研究方法，主要用以解决组织在既定的环境下面临的营销渠道方面的具体问题，而从更为宏观的层次来研究营销渠道的却比较少，缺乏对渠道链的整体分析。

2）集中对营销渠道中的单个具体问题研究较多，而对渠道结构、渠道模式等影响渠道变革的因素还缺乏关联研究。目前国外文献资料基本不使用的渠道模式（channel mode）概念，国内学者却进行大量使用，但是详细论述渠道结构和渠道模式两者关系的研究还比较少见，而且对渠道模式概念的内涵还未达成一致和清晰的认识。渠道模式的比较、选择和优化研究仍旧停留在理论研究的表层，目前，国内对营销渠道变革的研究比较多地集中在直接探讨新经济、新业态、新商业模式等对渠道结构的影响，而从企业价值链、渠道成员之间的交易成本和权力机制等更为深入的角度来研究渠道变革的比较少。

3）研究渠道变革缺乏完整的研究体系，虽然有学者提出了一些有创见的研究思路，但是从实证角度进行分析探讨的尚不多见。总体来说，现在对于渠道变革的研究仍然比较分散，缺乏一个能够综合反应消费者需求、外在环境、企业战略、渠道内部作用机制等变化对渠道变革如何产生影响的理论模型，而这样的一个模型将能把渠道变革的各种研究有机地整合起来，提供一个更为开阔的分析视角。显然，营销渠道模式理论的研究缺乏从渠道结构、渠道组织和渠道治理三个纬度的整合研究，从而无法具体界定某种渠道模式的特征。

需要说明的是，以上主要是关于营销渠道的一般理论和发展演变过程，这些理论为研究农产品营销渠道提供了理论依据，但应当指出的是，农产品的营销与工业产品的营销存在着很多的区别。在分析农产品营销渠道的过程中，除了要考虑营销渠道设计的一般规律，还要特别注意农产品的特点。

1.2 营销渠道研究方法述评

梅纳德（H. H. Maynard）和贝克曼（Theodore N. Beckman）在《市场营销

原理》一书中提出了研究市场营销的五种方法：产品研究法、机构研究法、历史研究法、成本研究法和职能研究法。

根据农产品流通研究的方向性以及分析的重点，发展中国家的农产品流通，主要有以下六种研究方法（Harriss-White，1999），需要说明的是，这些方法之间并不是相互排斥的，许多研究同时使用了其中的几种方法。

（1）政策变化原因及其影响分析

第一种是考虑各个国家的各种因素，分析农产品流通政策变化趋势及其背景，以及政策影响的方法。某个国家的农产品流通政策，是以这个国家独特的农业发展历史、不同时代的政策理念、国内利益集团的动向与从政者的政治判断、国际社会的发展趋势等许多因素为背景而形成的。为了了解农村流通政策的背景，我们必须从总体上理解这些国家的政治经济原因。进一步说，为了分析这些流通政策和制度实际产生的效果，我们还必须注意理解这些国家各地区的市场结构、农业生产的特征、农产品流通的历史等多个侧面的相互作用。在理解了上述各个国家的经济、政治、历史的各种因素的基础上，分析农产品流通政策的内容及其影响，应该是农产品流通研究的一个方向。

（2）结构 – 行为 – 绩效（SCP）方法

关于农产品营销的微观经济学分析，在许多情况下采用结构 – 行为 – 绩效（structure-conduct-performance，SCP）方法。SCP 方法试图从效率性的视角去评价农产品市场的经济绩效，而成为效率性评价的判断材料的是农产品的市场结构（structure）和流通主体（商人与企业）的经济活动状况。农产品市场结构分析，是考察市场与完全竞争状态的接近程度，关心市场上活动的商人与企业的数量与规模、有没有进入壁垒、价格和质量信息传导是否畅通等问题。流通主体（商人与企业）的经济活动状况分析，主要通过经营状况，分析收入与支出状况、流通价差、利润等。通过上述分析的组合，搞清某种农产品市场的效率性，这就是 SCP 方法。这种方法的前提是市场越接近于完全竞争就越有效率（Bowersox and Cooper，1992）。

在农产品流通领域，具体运用 SCP 方法进行实证研究的文献不断涌现，早期 Bain（1959）从产业组织的角度入手，用 S-C-P，即市场结构—市场行为—市场绩效的方法分析农业产业绩效，较早提出了分析框架和概念模型，后将其拓展测度农产品流通效率的方法；其中的"市场结构"是指一个市场的组织特性，包含买方集中度、卖方集中度、产品差异性及进入障碍等。许文富等（1990）结合市场结构—行为—绩效理论，提出农产品市场绩效的衡量方法，包括流通损耗率、分级标准的选择、数量水平、产品种类的选择、供给量的变化、价格的变化、在不同的时间和空间与产品形式下的价格水平、流通价差的变动等指标。

（3）新制度经济学方法

将发展中国家农产品流通中出现的各种各样的交易形态和交易关系作为不完全竞争市场下的制度适应来分析的，就是新制度经济学方法。新制度经济学特别关注发展中国家市场中存在的各种各样交易成本的大小、信息不对称和获取信息成本的大小、缺乏信用市场和保险市场等特征。主张纠正市场失灵、提高效率对农产品市场的各种交易形态的作用。例如，农产品收购企业，在向农民提供生产资料和信贷、传授生产技术的同时，从农民处垄断收购农产品的复合交易（interlocking transaction）就是一例。这种复合交易，不仅能够纠正因为生产资料市场和信贷市场缺乏而造成的市场失灵，也能够降低为了获取生产技术信息的交易成本，从而可以提高效率。这种关注农产品市场中的各种制度、关注提高市场效率的方法，就是新制度经济学方法（Granovetter，1985）。

（4）产品链方法

SCP与新制度经济学方法都很关注流通市场的效率，而希望从总体上把握农产品流通的方法是产品链方法。产品链是指，某种农产品从生产者到消费者的各个阶段中，各种交易以及相应的社会经济关系的整体。在这种方法中，将农产品从生产者到消费者为止的流通过程作为一个"链"，特别关注构成流通过程各个阶段的各个因素（生产者、商人、加工业者、出口企业等）的特征及其相互关系。在此基础上，分析农产品流通各相关因素的战略与经济活动状况、流通各个阶段的联结关系（垂直一体化、合同制生产等）、各因素有关的社会关系，以及"链"整体的地理分布状况等。而且，产品链方法的分析对象，往往还不仅仅局限于生产国家的农产品流通，还会涉及发达国家的流通和零售市场，以及影响这些市场的世界经济动向。其背景在于，在经济全球化的过程中，许多情况下，仅对生产国家内部的分析已经不可能完全理解农产品流通的全貌（Baker and Gibbon，2002）。

（5）政治经济学方法

政治经济学方法关注市场交易背后存在的权力（power）问题，这与将分析重点放在农产品流通市场效率的经济学方法完全不同。土地、资本等生产资料的所有者是谁？能够获得市场信息并将其垄断的是谁？能够强制签订对自己有利的合同的是谁？能够直接影响国家的政治权力、促进对自己有利的农产品流通政策实施的是谁？通过对这些问题的关注，政治经济学方法要解决农产品流通主体（农民、商人、企业等）之间存在的不均衡权力关系以及它们对市场交易关系和制度的影响。

对于流通市场上的同一现象，关注农产品流通过程中权力关系的政治经济学方法与关注市场效率的经济学方法，可能会得出完全不同的结论。例如，对于上面已经提到过的商人或者收购企业向农民提供生产资料和信贷，从而垄断收购农产品的复合交易，新制度经济学方法会得出纠正了因为生产资料市场和信贷市场不完备造成的市场失灵、降低了获得生产技术信息的交易成本，从而提高了市场效率的结论。但是，在政治经济学方法论者看来，这种制度是商人、企业和农民之间不均衡权力关系的反映，是要将商人、企业掠夺剩余和农民的负债永久化的机制。但是，从另一个角度看，也许正是因为这种制度是高效率的，所以掌握权力者才将它作为掠夺剩余的方法。正如 Ellis（1993）所指出的，经济学分析得出的"效率"结论，与政治经济学方法得出的"掌握权力者的剩余掠夺"结论，也许正是一个问题的正反两个方面的关系（Harriss-White，1999）。

（6）社会网络分析方法

从与某一地区的生产制度整体和农民的行为规则的联系的角度，来分析农产品流通交易的方法也很多。这种方法认为，必须将农产品买卖的经济交易关系，放在各地独立的生产制度、特定社会的行为规则、交际网络关系等社会关系中来分析。这种方法主要关注的社会现象包括特定社会生产制度的整体状况以及行为规则（平均主义、生存第一主义等）与商人的行为之间的关系、特定联络团体组织、亲族网络与农产品流通的相互关系、或者对交易关系来说很重要的主体间的信赖关系的构筑过程等。近年来，经济学者也发表了许多关注共同体的行为规则、人脉网络对商人活动和流通效率影响的研究文章。

1.3　渠道绩效评价方法综述

营销渠道绩效评估（performance evaluation on marketing channel），就是指厂商通过系统化的手段或措施对其营销渠道系统的效率和效果进行客观考核和评价的活动过程。渠道绩效评估的对象既可以是渠道系统中某一层级的渠道成员，也可以是整个渠道系统。

1.3.1　渠道绩效的影响因素

Bert Rosenbloom 是美国宾夕法尼亚州德雷克塞尔大学的营销学教授，被誉为营销渠道和分销系统管理的一流专家。他认为，影响分销渠道形成的最主要的变量有市场、产品、企业、中间商、行为和外部环境。

斯特恩等（2001）则认为环境因素可用需求和供给环境来分类，前者包含了人口统计、消费者资源与社会文化环境；后者则包括技术、竞争与法律政治环境。

Louis P. Bucklin 是美国渠道问题专家。在 20 世纪 80 年代，他提出了"营销系统总成本最低原则"理论，即建立高效的营销渠道系统不仅要考虑制造商和中间商的成本最小化，还应当考虑用户的储备成本最小化。

Novich（1991）认为一个组织的绩效取决于三个方面：产品绩效、分销效果、顾客价值。组织所处的外部环境也对组织绩效有影响。

Skinner 等（1992）、庄贵军（2000）等学者通过对渠道行为的实证研究发现：渠道中的权力、冲突、控制、合作等行为直接影响着渠道成员间的关系质量，从而间接对渠道绩效产生影响。渠道权力的不对称性使渠道利润的分配格局朝着处于优势地位的一方倾斜，造成利益分配不均；渠道冲突会降低渠道成员间合作的意愿，而合作与联盟往往能够降低交易成本。

Simon（1993）认为，为了测量各种组合要素的有效性和效率，负责市场营销的人员必须开发出必要的渠道管理控制程序，在营销系统部，最重要的效率控制包括：销售状况、实物分销成本、库存水平、及时补货响应、物流配送效率，顾客满意度、投诉处理速度、售后服务平等多个层面。

斯特恩等（2001）对各影响因素进行整合，认为渠道绩效会受到下列因素影响：①渠道的环境，包含分销渠道功能与流程；②渠道策略和规划；③渠道结构和组织行为因素，包含角色、权利、依赖、冲突、协调与合作；④渠道关系管理，包括政策、沟通内容和信息沟通系统等。

1.3.2 渠道绩效评估的量度

对营销渠道成员绩效的评估必须制订出评估的标准（criteria），而这个标准也逐渐由单一的维度发展为多重维度的变量。不同学者对渠道绩效的量度提出多种测量标准和指标。

（1）财务指标

早期的营销绩效测评中比较常见的是应用一个或几个财务指标来反映营销的结果。最早研究渠道绩效的学者是 Pegram，其研究发现大部分生产商使用的评估标准主要包括：销售绩效、存货维持、销售能力、渠道成员态度、渠道成员面临的竞争状态和渠道成员的成长性。弗里德曼等学者指出"制造商对中间商的绩效评估的主要标准有销售绩效、财务绩效、竞争能力、应变能力、销售增长、顾客满意、合约遵守、存货定量等方面（弗里德曼和弗琦，2000）"。

Sevin 和 Goodman 对怎样将财务结果与营销努力联系起来做了大量的工作。Feder 借助于微观经济学中的边际收入和成本分析方法分析了如何最有效地分配营销资源。Bonoma 和 Clark 发现在营销结果测评中使用最为频繁的财务指标依次是利润、销售额和现金流量。Henderson 发现市场占有率是现金流量和利润率的"预测计",市场占有率是检查营销绩效的一个最好方法。但是深入的研究发现市场占有率与利润率之间的关系是相当复杂的(Ambler and Kokinaki, 1998)。

（2）效率指标

20 世纪 70 年代绩效测量指标开始从财务指标转向效率和效益指标。Bonoma 和 Clark、Walker 和 Rueker 分别提出了通过测评营销效率和效果来测评营销绩效的方案。效率通常是结果与努力的比率,从组织的角度讲,效率要通过企业内部的专业化和程序化而实现,只要组织的目标及所面临的外部环境不发生变化,即使专业化和程序化会带来精神和道德等方面的问题,它们也必然大大提高组织的效率。效果反映的是实现目标的程度,它是实际结果同预期结果的对比。效率与效果的区别在于:迅速取得的结果并不一定有效地满足目标。

Bowersox 和 Cooper（1992）认为渠道绩效如果从宏观的角度来看,则包括配销在效率与效能上是否符合社会需求,其中,效率是以最少资源完成配销工作,效能则是配销目标的有效达成。同时,从策略管理的角度看,绩效的衡量应包括财务绩效与顾客满意。前者包括成本、获利能力与投资报酬率等指标;后者用来衡量渠道成员所提供的服务产出以及顾客满意度。

（3）满意度指标

在企业经营绩效的测评中,顾客满意度受到了高度的重视并被广泛地应用于实际的绩效评价中,顾客满意测评已成为许多行业重要的基准。顾客对于他们将要购买的产品总有一个购买期望,顾客满意度依赖于消费经历与期望的匹配结果。顾客满意会导致顾客忠诚,从而增加销售收入并降低销售费用。从理论上说,因为影响因素众多,顾客满意测评是非常复杂的,顾客满意框架的研究也非常纷杂。

与顾客满意测评相对应,顾客忠诚测评也引起了广泛的注意。Stern 和 Sturdivant（1987）认为好的营销会吸引顾客,企业也就能赢得和保持顾客忠诚。一个忠诚的顾客基础能够使每个满意顾客购买更多的产品或为企业产品付出额外费用而提高企业收入,同时也会降低营销的成本,使保留现有顾客的成本更低,并且通过现有顾客口碑使获得新顾客更容易。因此,在绩效测评时,顾客忠诚的财务价值是用"顾客终生价值"来反映的。Gaski（1986）认为渠道绩效可视为渠道成员间关系互动的结果,可分别从协调、满意度、承诺与绩效等维度去探讨,渠道绩效水平高,则渠道成员间彼此的满意度水平高,即渠道满意度是渠道绩效水平的结果变量。Rosenbloom（1991）认为销售数量、存货水平、销售能力、渠道成员对供应商与产品的态度可作为渠道成员绩效的衡量标准。

（4）多维度综合指标

Kumar 等（1992）将各学者的观点进行整合，从制造商的观点来衡量渠道绩效，提出了理性目标模型（rational goal model）、人际关系模型（human relations model）、内部程序模型（internal process model）和开放系统模型（open system model）作为评估经销商绩效的四个尺度，具体如表 1-1 所示。

表 1-1　评估经销商绩效的效能模型

效能模型	功能性任务	供应商目标	经销商贡献
理性目标模型	目标的达成	效率	财务绩效
人际关系模型	行为模式的维护	生产力	销售绩效
内部程序模型	内部整合能力	控制	销售员的适应能力
开放系统模型	外部环境的适应能力	成长适应力八外部合法性	销售员的成长对环境的适应能力，顾客满意度

Hellin（2009）则探讨了网络营销中绩效的问题。他认为营销组合、组织承诺、工作满意度和顾客价值是影响分销商绩效的主要因素。

Rose 和 Shoham（2004）认为企业面临的经营环境在过去的几年中发生了剧烈的变化，需要对绩效的评价予以重新考虑（reconsider），他们提出了以下的衡量维度，即基于产出的测量（outcome-based measures）、基于行为的测量（behavior-based measures）、基于关系的测量（relationship-based measures）和技术方面的表现（technology-based performance）。

Stern 等（1987）认为流通渠道绩效的衡量指标包括 3E，即效果（effectiveness）、效率（efficiency）、公平（equality）等三个层面的综合指标；其中，效果具体体现在可及性（delivery）和激励（stimulation），效率体现在渠道服务产出能力（productivity）和获利能力（profitability），公平体现在利益分配的合理性（rationality）和职能履行与收益分配的匹配性（Matching）。

中国学者曾寅初等（2006）研究了社会资本对农产品购销商绩效的影响，他认为作为连接微观经济实体和宏观环境的桥梁，社会资本有助于降低组织的交易成本、促进资源的取得与交换以及知识的转移和扩散。从"社会资本"的角度来考察渠道成员的绩效是一个新的可操作的视角（Paul and Seok-Woo，2002）。

上述这些学者各自所提出的营销渠道绩效的因素，实际上从概念上或者理论上指出了研究渠道绩效应该考虑的前置变量，即哪些因素或者变量影响了渠道的绩效水平，哪些因素可以用来作为结果体现渠道绩效。

1.3.3 营销渠道绩效评估方法

美国学者斯特恩等（2001）在他们所著的《市场营销渠道》（*Marketing Channels*）一书中专门讨论了分销渠道成员的整体效益评估问题。[1]他提出渠道绩效包括三个方面，即效率、公平、效益，并介绍了一些宏观和微观方面的财务绩效评价方法：①宏观上，使用战略利润模型（strategic profit model，SPC）和经济价值分析（economic value analysis，EVA），评判公司的整体财务能力，预估提高渠道劳动生产率和绩效的潜在收益；②微观上，使用业务活动成本（activity-based costing，ABC）、直接产品利润（direct product profit，DPP）和高效消费者反应（efficient consumer response，ECR），评价特殊职能所花费的成本和产生的利润（斯特恩，2001），如图1-1所示。

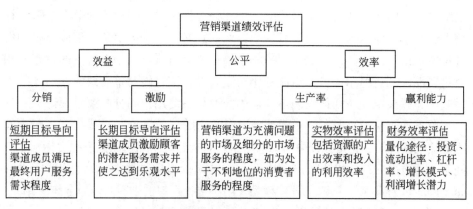

图1-1　营销渠道的绩效评价（Louis 分析方法）

张传忠和雷鸣两位中国学者在所著的《分销管理》一书中认为，对分销渠道运行效率（而不是绩效）的分析评价，大体上可以从渠道整体、各个成员、某项产品等三个不同层次展开，分别从产出、行为两个方面，按照静态考察法和动态考察法，进行分析评价（张传忠和雷鸣，2000），如图1-2所示。

吴利化（2004）在《渠道效率评估模型选择》中提出一条渠道是否有效率主要看两点：一是其中间商和最终用户分担的渠道成本的多少；二是制造商重要的渠道流所创造的价值高低。因此，他认为渠道效率评估模型应考虑两个因素：一是各渠道流在整个渠道中的相对重要性，其重要性由两个指标的综合来衡量，即各渠道流的成本和其所创造的价值；二是渠道成员在各渠道流所创

---

① 不过他讨论的重点仍是渠道成员的效益评估而非整个渠道链的效益评估。

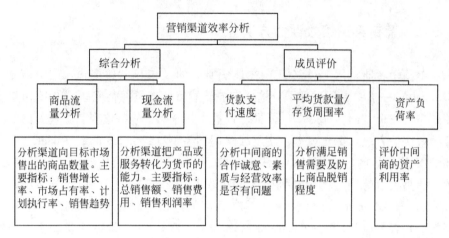

図 1-2　営销渠道的效率分析

造绩效中占的比例或者说价值贡献。由此他提出了一个渠道流的概念模型来评估渠道效率。他认为评估模型有四个方面的意义：一是揭示了渠道成员是如何共担特定渠道成本的；二是说明了每个渠道成员对渠道所创造价值的贡献和相对重要性；三是揭示了各渠道流的相对重要性；四是能简单有效的评估现行渠道效率，并决定应该如何在制造商、中间商与最终用户间分配渠道理论。[①]

蒋恩尧等（2004）在《对营销渠道中间商的绩效评价》中提出了评价中间商的绩效评价的三类指标：中间商的财务绩效指标、中间商的竞争能力指标、中间商的素质指标；并提出了应用中间商模糊评价指标的数据包络分析法（data envelopment analysis，DEA）评价模型，用于选择理想的中间商作为合作伙伴。

邱莉红（2002）归纳了如表 1-2 所示的营销渠道效率评价方法。

表 1-2　营销渠道效率主要评价方法及其应用

被评估对象	主要方法或技术	评估状态或主要内容	应用准则
渠道基础	以定性方法为主，结合财务定量评价方法	渠道策略与公司目标战略相适应所能达到的渠道能力：资产投入，现金流量，资本收益率/资产回报率	财务评价方法应与被衡量的因素之间有一定的联系性
渠道结构	定量评价与定性评价相结合	渠道目标，渠道层次及其关系，覆盖率	通过社会/文化/政治/经济差异来解释渠道结构

① 吴利化文中所提到的渠道流实际上即是营销渠道中的活动或职能的流动。这种渠道效率评估概念模型的最大缺陷是受制于渠道流成本数据难以获得而无法进行实证分析，以主观判断得出的渠道流数据为基础分析得出的结论难以让人信服。

被评估对象	主要方法或技术	评估状态或主要内容	应用准则
渠道成员	以定量评价为主	销售目标的完成程度、销售成长率、客户率、付款状况、平均存货水平、销售潜力达成率、生动化状态、渠道成员的合作状态等	从制造商的角度来说，中间商的合作意识、销售及市场服务潜力、适应市场变化的能力是比较重要的衡量因素
后勤供给	定性评价－顾客服务矩阵	交货的连续性和可靠性，可获得性，交易的准确性，完成订单的时间，售后服务质量等	顾客服务的组成内容和标准会因为市场营销条件的不同而不同
渠道管理	以定性评价为主	中间商的选择标准与签约，绩效评估，公司的控制与激励，冲突及窜货	掌握控制机制与激励机制的运用程度

其他定量分析方法主要包括以下几个。

1）财务评估法。它是由兰伯特（Lambeit）提出的，影响营销渠道结构选择的一个最重要的变量是财务，选择合适的渠道结构类似于资本预算的一种投资决策。这种决策包括比较使用不同的渠道结构所要求的资本成本，以得出的资本收益来决定最大利润的渠道。兰伯特的财务方法很好地突出了财务变量对渠道结构的选择作用。

2）交易成本评估法。Williamson 受到科斯的交易费用理论的启发，提出了交易成本分析方法（transaction cost analysis，TCA），在 TCA 方法中，威廉姆森将传统的经济分析与行为科学概念以及由组织行为产生的结果综合起来，考虑渠道结构的评估与选择（Rindfleisch and Heide，1997）。

这种分析方法的经济基础是，成本最低的结构就是最适当的分销结构。主要用于考虑这种情况的取舍：制造商通过内部垂直一体化体制来完成所有的分销任务，还是借助于外部独立中间商来完成一些分销任务或者大部分的分销任务。

3）经验评估法。它是依靠管理上的判断和经验来选择渠道结构的方法。科特勒（Kotler，1999）在《营销管理》一书中广泛应用了经验评估法。主要有：①权重因素记分法，由科特勒提出，是一种比较精确的选择渠道结构的评估方法；②直接定性判定法，即管理人员根据他们认为比较重要的影响因素对渠道结构进行打分评估；③专家意见法和灰靶决策法，对营销渠道的选择和设计进行评定，这两种经验评估方法非常简便实用，缺点是易受评价人员主观性的限制。

4）平衡计分卡模型。平衡计分卡（balanced scorecard card 模型，缩称 BSC 模型）。平衡计分卡模型使用一套财务及非财务指标来描述整个组织的绩效，它将组织的战略和策略转换成绩效目标与绩效指标，重点考虑从不同的角度进行平衡测量与评价。BSC 模型从财务、顾客、内部业务流程及革新与增长四个角度来评价组织的绩效。平衡计分卡不仅提供过去成果的财务性指标，同时兼顾以顾客的角度、内部业务流程的角度与革新与增长的角度为基础的非财务性绩效指标，来弥补财务性绩效指标的不足，以提升未来的财务绩效。通过平衡计分卡的设计，使管理者澄清组织战略远景与策略，沟通联结策略目标与衡量的基准，规划与设定绩效指标，并在目标展开的同时，通过绩效面谈、双向沟通而调整行动方案，以及加强策略性的反馈与持续的教育训练，达到组织绩效发展的目标（司林胜等，1997）。

5）供应链运作参考模型。供应链绩效评价模型是考虑从哪些方面评价供应链绩效，从而指导建立供应链绩效评价指标体系。常见的评价方法包括：供应链运作参考模型（supply chain operational reference，SCOR）、物流计分卡模型（the logistics scorecard，LS）、经济增加值模型（economic value added，EVA）、基于活动成本模型（activity-based costing，ABC）等。

1.3.4 渠道绩效评价方法总结

营销渠道绩效评估是企业经营业绩评价中的一个重要组成部分。目前，关于营销渠道的绩效评价还没有建立一套科学完整和行之有效的绩效评价体系。综观上述学者的研究，不同领域的学者对于渠道绩效测量指标的构成均有不同见解。但可以概括区分为两大类型：第一类为客观绩效指标，主要以销售额、存货水平、利润率和市场覆盖率等客观可具体量化的指标来衡量；第二类为主观绩效指标，主要以贡献程度、成长潜力、满意度、渠道关系质量和企业形象等主观难以量化的指标来衡量。

1）渠道绩效评估问题少有学者涉及，且大多关注对渠道成员的评价，而忽视对渠道整体的绩效水平评价。这些研究主要是站在制造商的角度对中间商的绩效进行评价，以便选择理想的渠道成员，制定合适的激励政策，主要关注中间商绩效评估标准的标准、指标或变量的确定等问题。

2）评价方法纷繁复杂。目前尚未建立起一套科学完整和行之有效的渠道绩效评价体系，评价指标及其数量的选定、指标权重与评价标准的设定也不统一。另外，由于营销渠道选择和构建与产品本身、企业及其所处市场环境有着紧密联系，使得关于它的评价方法显得纷繁复杂。

渠道产出的构成和测量揭示了营销渠道的本质。虽然人们在对营销渠道产出结构的认识上还存在着争议，但普遍认同渠道产出的本质是一种分销服务。分销服务的测量需要许多顾客感知方面的数据，但是这些数据是没有办法得到的，因此对这方面的研究还没有取得令人满意的结果。

1.4 农产品营销渠道研究进展

1.4.1 国外农产品营销渠道研究进展

（1）效益和效率为中心的配销通路的研究

从 1901 年克罗威尔所作的《产业委员会农产品分销》报告开始，国外学者就开始了对农产品营销渠道的研究，报告中克罗威尔描述了农产品从生产者进入消费者手中的分销体系以及消费者与中间商购买农产品的货币比例分配。这也是最早的市场营销文献。

韦尔德是渠道研究的奠基人。他在《农产品营销》中着重研究了农产品离开农场后的营销过程，重点论述了农产品流通的渠道组织、商品交易、期货交易、拍卖和联合运输等，对农产品的集中、储存、融资、风险、标准化、销售和运输等职能进行了研究，并对农产品的分销渠道特征、分销成本、中间商进行了深入的探讨；并首次论及农产品营销渠道的效率问题。

1921 年，希巴德、西奥多·麦克林、保罗·D. 康沃斯等分别在《农产品营销》、《有效的农业市场营销》和《市场营销方法和政策》中对农产品的合作营销、消费合作社、渠道组织交易方法等作了系统研究。Butler（1923）强调中间商为生产者和消费者创造基本效用、形式效用、地点效用和时间效用，中间商对地点效用和时间效用的影响举足轻重。Breyer（1934）认为，营销机构能够有效地克服交换的障碍和阻力，因为它可以集中、协调和分配所需要素。同时，他认为时间、空间和成本都是决定渠道选择的基本因素。Kohls（1940）研究了农产品营销纵向一体化的潜在优势，即营销费用的降低和原材料或商品销路的确定性，同时指出，一体化也带来了相应的管理和协调问题（郭国庆，1999）。

1954～1973 年，营销学者利用经济学理论分析营销渠道产生、结构演变、渠道设计等问题。Alderson（1997）认为经济效率标准是影响渠道设计和演进的主要因素；超越利润最大化假定而使企业使命多样化；大企业需以参与市场的相对效率和内部管理控制为标准评价渠道方案；注意企业单一渠道与复合渠道设计之间的区别。McCammon（1963）认为，由于资本需要不断增加，固定成本渐增，边际利润率和投资回报率下降，营销过程日益复杂，协调营销体系的潜在经济效益日益明显，可以用公司型、管理型和契约型三种方式，有效地协调营销渠道系统。以效益和效率为重心的研究主要基于与效率有关的经济学概念，而对营销渠道中的行为变量缺乏相关的研究。

由上述这些文献可以看出，早期关于农产品营销渠道的研究主要局限于流通领域的中间组织、渠道成本、渠道效率、渠道职能的研究，缺乏对渠道系统中的生产者和消费者的深入研究。

（2）渠道权力和冲突为中心的农产品营销渠道行为研究

以权力和冲突为研究重心的学者将渠道看做渠道成员间既有合作又有竞争的联合体。Alderson（1998）认为，营销是一种有组织的市场行为系统，系统作为一个经营群体要具备权力结构、沟通结构和经营结构，营销管理者如果忽视了权利结构，就不可能创建和激活营销渠道系统。Stern（1969）认为，渠道由一组专业机构组成，劳动分工广泛，每个成员在某种程度上依赖性较大，那么后者将更有权力；依存和承诺是理解渠道中权力关系的关键。McCammon（1963）认为，传统的营销渠道是由孤立自治的决策单位所组成，因而不能成功地策划渠道活动，如果渠道权力水平低下，相互依赖关系也会低下，渠道企业间就不会有合作的动机。Abert（2005）认为，随着市场的成熟，消费品要求分销渠道更加密集分销、日益方便和低价位的服务转变，这种变化来自渠道机构内部的利益和权力的失衡，导致完全新型的分销渠道产生。Brown（2000）认为渠道领导者成功实施非经济权力来源，受影响的渠道成员可能较少地将权力归于权力持有者。Brown（1981）认为衡量冲突最有效，他的方法是观察争议频率和冲突强度。Frazier（1983）认为权力与任务执行直接连接，"目标企业"认为"源企业"任务执行的水平越高，它受到的激励越大。基于行为科学的渠道权力和冲突的研究冲破了传统的经济学研究模式，但该研究过于重视行为的过程而忽视了经济产出和效率。

（3）关系和联盟为中心的农产品营销渠道关系研究

该理论研究者认为，由于渠道成员的利益竞争，组织间的合作常以失败告终，渠道战略联盟至关重要。Stern（2000）认为渠道联盟的实质是承诺和信任。费恩（1999）认为联盟是权力安排的再平衡。Webster（1992）认为营销渠道从疏远的交易型和传统多层官僚式的组织向着一个更加灵活的组织形式——伙伴、联盟和网络的转变是一场显而易见的革命。营销管理的核心需要延伸到超越微观经济学概念框架的层面，以便充分关注于一套关系和联盟固有的渠道组织战略问题。营销学的研究重心应该转移到持续发展的关系中的人、组织和社会的进程上来。Heide 和 John（1992）认为联盟是为了渠道成员间关系的连续性，联盟的关键是得到对方的忠诚，双方进行关系专用性投资，将使渠道系统产生超出寻常的效果。Novich（1990）认为渠道联盟的一般程序是承诺和践诺，向你承诺的人践诺,通过经济绩效和非经济满意来实现日常联盟的互动。

(4)基于营销渠道垂直性整合方面的研究

一般认为斯特恩与瑞伍在1980年第一次提出了渠道垂直性合作(vertical coordination)的概念(Stern and Reve,1980)。几年后一些学者对渠道垂直性合作的定义进行了更加深入的探讨,认为它是"厂商为了减少市场营销过程中由产品规划、产品设计变化以及诸如此类事物带来的问题而作的努力",其最大的好处是降低厂商交易成本。换言之,如果渠道成员间开展垂直性合作,其交易成本应该降低,该原理反过来也一样成立(Dowest,1988)。海德与约翰在1990年的研究显示,渠道成员的联合行动和互动行为使得它们之间在商务活动中相互适应得更好(Heide and John,1992)。1995年,Farrell和Gibons提出了"廉价会谈"(cheap talk)的模型来描述渠道成员间开展合作的核心内涵。关于渠道垂直整合条件,大卫等认为,企业是否进行营销渠道的垂直整合应从启动成本、交易成本、交易风险、合作效果等方面综合考虑,并进一步提出了营销渠道垂直整合的决策模型。关于渠道垂直整合理论的应用,特杰林等把这一原理运用于肯尼亚的园艺产品的营销渠道进行研究,发现渠道的非垂直整合度与以下五个因素相关:渠道服务的核心市场的人口规模、渠道服务的核心市场的人口密度、产品从农场到中心市场的运输时间、零售商脱离渠道的情况和渠道中流通的产品的质量。前三者越高,非垂直整合度越高;当零售商脱离渠道的比例越高、流通的产品质量差异越大时,渠道的非垂直整合度越低(Dijsktra,2001)。查尔斯等的研究发现,美国糖业中粗糖加工业与糖的深加工产业之间的整合关系不能用传统的交易成本理论来解释,政府贸易政策与企业营销渠道之间的互动关系提供了另外一个解释框架。

1.4.2 国内农产品营销渠道研究进展

在中国,农产品长期以来一直是计划经济的产物,受重生产轻流通思想的影响,农产品营销理论不被人们重视。虽然在技术开发领域,新品种层出不穷,各地也在大搞规模化、标准化、科技化,但是与农产品营销相关的研究一直十分缺乏,现有的研究也大都是从农业经济的角度以生产和流通为出发点,缺少营销视角下的系统研究。以上农产品营销和营销渠道研究的内容主要是从生产领域、流通领域及政策角度探讨农产品从生产者到消费者手中的过程,主要是农业经济学研究的方法和理论。

(1)农产品营销方法和观念的研究

相关研究主要局限于农产品流通和生产领域。姚於唐(1999)认为提高市场营销能力是提高中国农产品竞争力的主要途径。程国强（2000）从国际农产品市场出发，认为培育农产品营销主体，发展农产品营销公司，创建农产品品牌，是实现农产品比较优势的关键。钟甫宁（1995）强调了农产品统一市场在农产品贸易（营销）中的作用。李岳云（2000）认为影响农产品的比较优势的因素不仅仅是品种问题，还有农产品加工问题，农产品在流通渠道中的储存、保鲜和安全保证问题，同时主张通过农民协会提高农民自我保护意识和在市场中的组织化程度。杨政（2000）对渠道中的合作、权力和冲突进行了阐述，推导出渠道成员整合的行为模型。李平（1998）建立了主成分评价模型对营销渠道进行研究。张士云（2000）认为农业产业化要求农产品营销观念、营销组合和品牌管理等方面的创新。

（2）农产品渠道组织的研究

姚今观（1995）对农产品流通主体、经营目标市场化、管理体制一体化、购销形式变革等方面进行研究。温思美（2002）、罗必良等（1999）提出了加快中国农产品批发市场尤其是农产品产地批发中心的建立，培育农产品市场中介组织，走"企业办市场，企业管市场，市场企业化"的农产品流通市场建设之路，对农产品流通渠道系统、渠道组织和渠道管理进行了创新研究。何秀荣（2009）认为农产品市场体系建设是一个长期的过程，一方面要加强交通运输网络和有形市场硬件设施建设，另一方面要更加重视提高生产者、加工商和贸易商的组织化程度（农产品营销渠道关系程度问题），还要加强法律、制度的规范管理建设（农产品营销辅助渠道问题）。陈涛等（2001）从绿色营销角度研究了中国农产品营销渠道系统，提出加强农产品营销主体培育，建立有序的从生产到加工、运输、储存、批发、零售等环节的农产品营销渠道系统。李崇光和孙剑（2003）对农产品营销渠道系统、渠道组织、渠道管理、渠道国际比较等方面进行了专门讨论。武拉平（2000）根据行为学派（包括组织动力学派、消费者主义学派、购买行为学派和宏观市场营销学派）的观点，提出了在农产品市场中的经济人行为的理论依据和发展变化，提出了各省区之间的整合关系，国际与国内市场的行为关系。葛深渭（2005）的《营销致富：农产品营销策略论》对农产品的营销渠道策略进行了研究。

（3）农产品渠道模式的比较研究

洪涛（2000）在"我国蔬菜产销体制研究"的课题研究中较全面地分析了当前全国产销体系、蔬菜市场体系的现状和面临的主要问题，提出应该加强理论研究，规范市场建设，完善政府指导功能，加大宏观调控。南京农业大学与荷兰的合作项目"农业产业链管理"研究了南京蔬菜产业链发展的现状、问题和对策，提出应该优化生产布局，实行适度规模经营，促进产、供、销的优化组合，完善流通体系。农业部政策法规司和市场经济与信息司的工作人员通过实地考察，编写了《美国、日本蔬菜水果流通现状考察》和《台湾农产品批发市场建设与管理报告》，介绍了这几个国家和地区的蔬菜水果流通情况。方志权和焦必方（2002）分析了中日两国在流通体制转化、政府宏观调控、生产与经营、中介组织、消费交易、流通设施间的区别，并分析了上海的蔬菜生产和流通。冷志明在《我国农产品营销渠道的现状及其发展趋势》中对农产品营销渠道的现状和发展趋势进行了研究。

（4）农产品流通效率的实证研究

许文富等（1984）实证分析了台湾地区主要蔬菜的流通环节价差和成本。许文富等（1990）曾利用市场结构、行为、绩效理论等对农产品市场流通的绩效指标及衡量方法做深入研讨，并提出农产品市场绩效的衡量方法。游振铭（1993）通过对台湾地区农户、批发商、零售商、配送中心的调查，分析了台湾地区主要城市的蔬菜流通渠道，认为流通费用会随着流通层次的减少而降低。万钟汶等（1996）分析了不完全竞争条件下蔬菜的运销价差结构。李春海（2005）从制度经济学视角下，分析了制约农产品流通效率的主要障碍性因素，并提出消减制度瓶颈的政策和措施。谭向勇等（2008）构建了一个农产品流通效率的评价模型，并运用构建的模型实证研究了北京市几种主要的农产品的流通效率问题。黄祖辉等（2008）运用 Multi – normal Logit 回归方法实证研究了交易费用对农户选择不同销售渠道的影响，研究结果显示，相对于最为传统的农户自行零售方式而言，以信息成本、谈判成本和执行成本为代表的交易成本对农户选择不同的契约方式有显著的影响，但农户特征对选择不同的交易渠道影响不显著。周应恒和卢凌霄（2008）在南京市生鲜蔬菜选取了流通层次、流通费用、损耗率、生产者分得比例等四个指标来评价各模式的流通效率，以此对其进行选择。孙剑（2011）从农产品流通速度指标、流通效益指标和流通规模指标三个方面构建了农产品流通效率测度指标体系，并利用因子分析法研究了 1998～2009 年间中国农产品流通效率的变化趋势。

（5）小结

综上所述，营销渠道问题研究是市场营销学研究的中心问题之一，而农产品营销渠道问题更是农业经济管理和农业综合企业管理关注的理论前沿。但国内的农产品营销渠道专门研究，除了极少学者有所涉及外，几乎是个空白。而且，关于渠道的研究绝大部分集中于组织描述和构建等渠道行为上，对渠道系统的评价、维护、调适和发展等方面较少作研究和分析。同时，国内农产品营销渠道的研究较多集中于经验的和描述性的研究，研究方法也缺乏创新。

第 2 章
农产品营销渠道的演进与发展

　　中国农业是世界农业的重要组成部分，分析中国农产品流通方式的发展状况、存在问题及未来变革，不能不与西方发达国家农产品营销的发展联系起来，后者在农产品营销及渠道演进方面走过的道路对于中国农产品营销渠道的发展有着借鉴意义。因而，本章重点在于对不同国家（或者地区）、不同时期的横向与纵向比较，探讨部分国家或地区农产品营销渠道的演进过程、基本特征与差异、经验与启示等问题，分析影响农产品营销渠道演化与变革的外部和内部因素及其差异性。目的在于通过国家之间营销渠道演化的比较研究使我们更为清晰地理解和解释影响渠道变革和渠道模式选择的深层原因。

2.1　西方发达国家农产品营销渠道的发展历程

2.1.1　农产品营销渠道的历史演变（以美国为例）

（1）农产品运销阶段

　　19 世纪末 20 世纪初是农产品营销的产生阶段，也是市场营销学产生的阶段。在该阶段，农产品营销渠道的主要形式为生产者—消费者的直接销售渠道。由于在该时期美国农产品生产的规模化和机械化程度提高，加上工业发展需要大量劳动力，使大批剩余劳动力涌入城市，客观上造成了城市劳动力的相对过剩，人们对农产品的购买能力下降，农产品市场价格相对提高。解决该问题的主要方法是选择经济便捷的运输方式，以降低运输成本和销售价格。因此，许多学者将这个时期的农产品营销学表达为"the marketing of farm products"（译为农产品运销学）（孙剑和李崇光，2003），如图 2-1 所示。

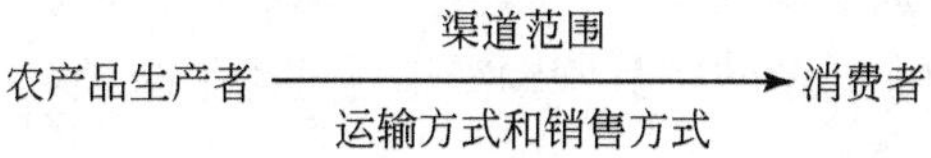

农产品生产者 ————— 渠道范围 ————→ 消费者
运输方式和销售方式

图 2-1　19 世纪末 20 世纪初的农产品运销渠道的主要形式和范围

（2）中间商销售为主阶段

20 世纪 20~40 年代，由于美国农产品机械化和规模化水平的进一步提高，农产品出现了过剩问题，形成了农产品买方市场。农产品营销已不是如何降低渠道成本和提高营销效率问题，而是如何使过剩的农产品实现市场交换。而以前的农产品运销方式，显然带有生产主导性，生产者缺乏市场驾驭能力，这样出现了对中间商的选择和培养，通过中间商的市场能力优势把农产品推向市场，完成农产品在流通领域中的所有权转移，如图 2-2 所示。因此，在该时期许多人把农产品营销等同于农产品推销。

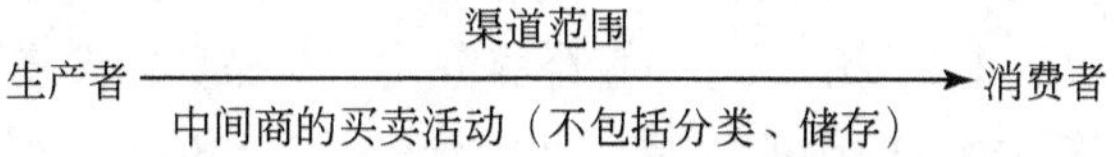

生产者 ————— 渠道范围 ————→ 消费者
中间商的买卖活动（不包括分类、储存）

图 2-2　20 世纪 20~40 年代农产品营销渠道的主要形式和范围

（3）垂直一体化渠道阶段

20 世纪 50 年代，由于中间商在农产品市场交换中占有主导地位，传统的营销渠道系统中的中间商（渠道成员）处于一种完全竞争、相互排斥的状态。农产品在流通过程中所有权转移环节多，各渠道成员为自身利益，往往以追求最大利润为目的，农产品在市场中的交换利润绝大部分被中间商掠取，生产者往往得不到农产品在市场交换中的平均利润，受到中间商的盘剥。为了抵制这种盘剥，农民纷纷组织各种形式的生产者联合体，实行农工贸一体化经营，形成了以生产为中心的垂直一体化渠道系统。主要形成了以农产品加工工业（agro-industry）和农商综合体（agribusiness）为中心的垂直渠道系统的形式，使农产品营销渠道延伸到生产领域，如图 2-3 所示。

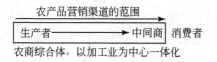

农产品营销渠道的范围
生产者 ————→ 中间商　消费者
农商综合体，以加工业为中心一体化

图 2-3　20 世纪 50 年代农产品营销渠道的主要形式和范围

（4）以顾客为中心的渠道发展阶段

20 世纪 60~70 年代，随着经济的发展，消费者的消费越来越个性化，农产品营销渠道活动从消费领域开始，形成了以顾客导向为特征的营销观念。农产品渠道的设计以为顾客提供便利和服务顾客为中心，使渠道设计从以生产为中心转变为以顾客需求为中心，使农产品营销渠道延伸到消费领域，如图2-4所示。

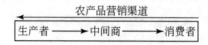

农产品营销渠道

生产者 ——→ 中间商 ——→ 消费者

图2-4 20世纪60~70年代农产品营销渠道的主要形式和范围

（5）渠道整合阶段

20世纪80年代至20世纪末，农产品营销渠道从过去传统的营销渠道系统发展到整合的营销系统。渠道成员间的关系由原来各自追求最大利润转变为农产品生产、流通、消费等全过程的整合。在此基础上建立起来渠道成员间的各种合作关系。在西方农业发达国家，特别是美国，农业联合体逐渐成为农产品营销的主体。农业现代化的发展要求农业中许多部门（如产前、产中、产后的服务机构和加工机构）从农业中分裂出来，形成以农产品生产、流通和消费为中心的综合服务体系，如图2-5所示。这种综合服务使农产品营销渠道延伸到农产品产前的服务领域和其他辅助的服务领域（如银行、保险、运输、咨询等）。

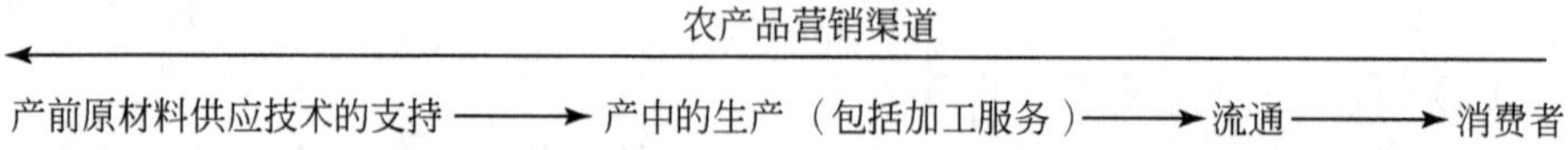

农产品营销渠道

产前原材料供应技术的支持 ——→ 产中的生产（包括加工服务）——→ 流通 ——→ 消费者

图2-5 20世纪80年代至20世纪末农产品营销渠道的主要形式和范围

以上农产品营销渠道发展的五个阶段是伴随农产品营销理论的发展而变化的。同时农产品营销渠道的演变也是农业经济发展的演进轨迹。前三个阶段属于以生产为导向型的农产品营销阶段，其主要目的是通过降低成本、提高渠道效率，使生产者的农产品传递到消费者手中，采用以农产品为中心的农产品运销，农产品推销和产销一体化的营销活动方式。这些营销方式实质上是生产—市场的模式，它适应卖方市场下的农产品营销活动。第四、第五个阶段，由于经济和技术的快速发展，农产品生产已不再是营销活动中的主要问题，顾客的需求，尤其是顾客需求的个性化，使农产品营销活动必须以顾客需求为出发点和终点。农产品营销渠道的设计形成了市场—生产的模式，该模式不仅体现买方农产品市场的需要，也满足在买方市场下生活水平日益提高的顾客的差异需求。

2.1.2 农产品营销渠道体系比较

（1）美国农产品营销渠道体系

美国是一个只有220多年历史的国家，是市场经济高度发达的国家，同时也是世界上最大的农产品生产国和贸易国。在如此之短的时间内，美国农业成功实现了传统农业、稳定高产的发达农业、优质高效的现代农业三级跳式发展。美国农业之所以成功，有其得天独厚的农业资源的因素，但更与其经历百年的历史演化和市场竞争所形成的农业及相关产业的组织结构和经营机制以及有竞争力的生产方式密切相关。其中一个重要的因素就是美国拥有一个通畅、高效的复合型农产品营销渠道体系。

美国对于农产品的流通管理体现在经营的各个环节。农产品从生产环节到达流通环节，一般要经过收购、检验、分级、加工、包装、储运、销售等诸多步骤，农产品主要通过5种渠道到达消费者手中：①生产者直接把产品送到批发市场；②生产者把产品送到产品集配市场；③生产者按照购销合同直接卖给大型零售商、超市或连锁零售企业等；④生产者直接到农贸市场销售产品；⑤生产者把产品通过集配中心分级包装，然后出口。购销渠道的多元化，有助于提高鲜活农产品的流通效率。美国鲜活农产品营销渠道形式，如图 2-6 所示。美国农产品流通体系，如图 2-7 所示。

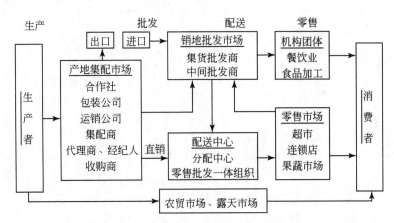

图 2-6　美国鲜活农产品营销渠道形式（Kohls and Joseph，1980）

美国农产品营销渠道的基本特征如下：

1）渠道短、环节少、效率高。美国谷物、玉米、棉花等大宗农产品中78.5% 从产地通过配送中心，直接出售给零售商和机构购买者。由于渠道环节少，农产品流通速度快，成本低，从而大大提高渠道效率（马龙龙，2006）。

2）产销一体化是近年来美国农产品流通的重要方式。随着超市、连锁店等大型零售企业规模的扩张，它们纷纷建立自己的配送中心，直接到产地组织采购，以减少中间费用，降低成本。另外，一些生产规模较大的生产者或几个生产者的联合组织，自身具备为零售企业提供多品种、大批量产品的能力，不

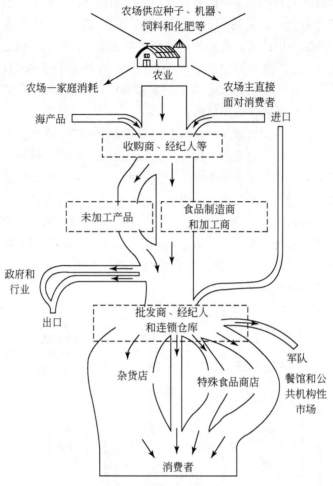

图 2-7 美国农产品流通体系

资料来源：美国农业部《统计摘要》（2005 年）

经过批发市场，直接销至超级商场，实行产供销一体化经营，降低交易费用。

3）产地市场集中。美国根据本国国情，建立起有别于其他经济发达国家的"集中生产，分散供给"的农产品产销模式，即严格按照比较优势原则，选择最适合的地区进行农产品的集约化、规模化生产，再将产品分散销往全国各地。因此，美国农产品生产区域化、专业化、规模化、现代化程度高，产地市场也比较集中。

4）批发市场在农产品流通中具有举足轻重的地位，是大宗农产品、蔬菜、水果等农产品进入零售环节的一种重要通道，尤其是中小零售商，主要通过批发市场进货。但是，近年来通过批发市场进入流通环节的蔬菜和水果比例有所下降，约占其销售总量的一半，其余的主要通过农场直销来实现。销地批发市场分布在大城市。

5）零售市场中以超市为主导。超市是美国鲜活农产品零售的主要方式，餐饮及食品服务业在水果、蔬菜流通中的市场份额巨大。据统计，美国蔬菜、水果在超市零售中占有56%的市场份额，占蔬菜、水果消费总量的33%。

6）服务性渠道组织齐全。美国为配合产品的高效流通，产生了密切衔接农产品产销的发达的、高组织化的流通中介组织，这些中介组织密切了农产品产销关系，促进了农产品生产和流通的发展，畅通了农产品在巨大空间范围内的商流与物流，在美国的农产品产销中发挥了十分重要的作用。此外，还出现了许多专门为农产品交易服务的辅助机构，如装卸公司、运输公司、加工和分类配送中心、银行等，这些组织的专业化服务为农产品大规模流通提供了支持。目前，虽然美国从事农业生产的人口只占总人口的2%，但是，从事与农业生产有关的化肥、农药、种子等生产资料的生产、供应和农产品加工、销售以及为农业生产服务的人口至少占到了总人口的15%以上。

7）批发市场内部交易方式主要以拍卖、代理销售为主。同时在以批发市场为基础形成的农产品期货市场，如芝加哥期货市场等，由于采用公开拍卖、代理销售（或购买）和期货交易，使农产品市场价格充分反应市场的供求变化，使批发市场主导农产品市场价格和信息传播机制的形成。

（2）日本主要农产品营销渠道模式分析

日本是工业发达国家，农产品主要依赖进口，国内农产品流通环节多、渠道复杂。目前日本鲜活农产品的流通由市场内流通与市场外流通两种形式组成。市场内流通主要通过批发市场来进行，由中央批发市场、地方批发市场和零售市场等共同组成鲜活农产品流通的渠道。而市场外流通则不通过批发市场进行，更多采用直销方式，供需双方直接见面，以减少流通环节。这两种流通方式共同承担着日本鲜活农产品的流通（纪良纲和刘东英，2006）。

1）市场内流通的主要参与者是作为农民团体的农协和农产品批发市场及其中的批发商。农协与各批发市场建立联系，通过经营主体，建立流通竞争机制来实现鲜活农产品的流通。首先，各级农协对农民送来的鲜活农产品进行验收、定级、精选、分级、包装，并贴上农协商标。然后，根据批发市场的信息网络提供价格等信息，把各种鲜活农产品送到批发市场，委托市场中的批发业者销售，批发业者接受委托后，根据公开、合理的原则，视农产品的鲜度、质量、外形规格和包装，由市场管理人员用电子显示板公布产地、品种、质量、数量、价格进行拍卖，各中间批发商经过激烈竞争，出价最高者购买到某一个农产品。随后，中间批发商再将购得的商品运到自己的食品商店里，进行分门别类的挑拣、陈列、加工，再进行批发和零售。

2）市场外流通是指不通过批发市场，追求产销直接见面，以减少环节，获得低价格的交易方式。通过市场外流通，实行直接运销，由农民或农民团体，将生产的农产品包装处理后，直接运送供应消费地零售业者（超级市场）或连锁零售业包装配送中心及消费大户，达到减少所有不必要的中间环节，降低运销差价，使生产者和消费者都受益的目的。随着零售业的迅速发展，大型零售超市不断进入日本的鲜活农产品流通网络中，并发挥着越来越重要的作用，这对于传统的流通方式也是一种改革与挑战，也是使批发市场的职能遭到一定削弱的部分原因。这些大型零售超市经营范围较广，所在地域辐射范围广阔，能为顾客提供多种产品和服务，对于顾客的吸引力不断增加，在鲜活农产品的销售中也因为顾客购买的便利而受到欢迎。而大型零售超市的经营实力强大，鲜活农产品购买量大，对传统的市场内流通造成一定冲击，成为鲜活农产品流通的重要流通主体。

概括起来，日本农产品营销渠道的基本特点如下（图2-8）：

1）渠道环节多，流通成本高。日本农产品一般通过两级或两级以上批发渠道后，才能把农产品转移到零售商手中。1971年日本修订《批发市场法》，从市场的设立、运营，到拍卖、销售，以及有关市场结构和机能等都作了严格的规定，这进一步确立了以批发市场为主的农产品流通渠道。规定禁止中间商从事批发业务，使极少数批发商（如株式会社等）从产地市场进货，因此绝大多数农产品要经过多级批发市场的交易，提高了流通成本。

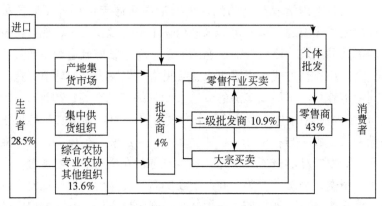

图2-8 日本农产品营销渠道主要结构形式（小林康平等，1998）

注：图中数据表示各渠道成员利润的分配比重。

2）利润分配不均。日本较早制定了《零售法》，对从事零售的组织给予利益保证，从利润分配比重看，批发商为4%、中间批发商为10.9%、零售商为43%、农协等为43.6%、生产者仅为28.5%。零售商为保证43%的利润往往把终端价格抬得较高，因此，日本农产品市场零售价格是世界农产品市场中最高的价格。

3）渠道流通规范化、法制化、效率高。尽管流通环节多，但日本批发市场采用拍卖、投标、预售、样品交易，甚至同一产品两家机构同时拍卖，价格公开、公正。日本《市场法实施规则》规定到达批发市场的农产品必须当天立即上市，以全量出售为原则，禁止批发商作为中间商或零售商直接采购农产品，禁止拒绝农产品委托，禁止场内批发商同场外的团体或个人展开批发业务等，使农产品批发市场流通效率高。同时，对收费作出规定，批发商除手续费以外不能接受其他任何报酬。

4）农协起着连接生产者和消费者的纽带作用。日本的农协除帮助农民销售农产品、购买生产资料外，还积极推广农业科技新成果，完善为农户服务的体系，农户只要生产出符合标准的农产品就能销出。农协还把当天的农产品销售价格通过传真机发给农户，这样农户可根据价格了解市场行情，掌握农产品的销售情况，及时调整种植结构。日本农协为农民提供的服务十分周到，除了指导农民采用农业科学技术和搞好农业经营和生产计划外，还为农民购买肥料、种子、苗木、生产机械等生产资料，指导农民改善生活，帮助农民购买食品、燃料等生活必需品，甚至还开展医疗保健、教育、旅游、社会福利、社会保险事业。可以说，日本农协为农民提供了微观的、细致的、深入农业各个环节的服务。

（3）法国农产品营销渠道体系

法国的鲜活农产品流通也有一个比较完整的体系，它是由农产品生产者、农业合作社、加工企业、批发市场、超市、消费者这样一条完整的渠道链条连成的。

1）农业合作社在鲜活农产品流通中占有极为重要的地位。合作社将各类鲜活农产品收购上来，可以将农产品直接销售给加工企业、批发商和零售商，而一些有加工条件和能力的合作社也利用自己的技术、设备在对初级产品进行加工后销售。

2）法国国内的农产品加工企业大多与农业合作社有购销合同，当然他们也可以直接从农户手中收购，他们将收购上来的产品进行冷藏、分类、加工、包装，最后将制成品运送给批发商或大型超市。

3）法国农产品批发市场在农产品流通中起着重要的作用，尤其是农产品初次上市后，批发市场起到了主要的集散作用。全法农产品流通网络由9个大规模的公益性批发市场和其他一些中小规模的农产品批发市场组成。近年来，随着大型零售商的迅速崛起，大型采购中心越过批发企业直接从农产品生产者或农业合作组织采购农产品，一些批发企业倒闭，批发市场的交易量与交易额也呈下降趋势。目前，通过销地批发市场销售的水果蔬菜只占总销售量的24%。

4）终端消费者一般从各大型超市、连锁店以及街边的蔬菜水果商店购买所需的肉、蛋、禽、蔬菜等农产品。这些超市及蔬菜水果店是农副产品由生产者流向消费者的最终环节。目前，法国农产品最终消费中，通过大型超市销售的占74.3%，通过集贸市场销售的占18%，通过其他小商业销售的占6%。零售环节除了超市以外，还有各种各样的便利店、肉店、菜店，特别是还保留了相当数量的集贸市场。例如，巴黎市政府规定，全市20个区，每个区至少要建一个集贸市场。法国政府做出这一决策的出发点，一是保护中小工商业者的利益，增加就业岗位；二是鼓励不同类型营销方式和企业之间的竞争；三是方便居民就近购买，尊重消费者的选择；四是聚集人气，为居民提供相互沟通、交流和休闲的场所。

2.1.3 发达国家农产品营销渠道的基本特征

在国际农产品市场上，农产品流通形成了两种比较典型的流通渠道模式：一种是以美国为代表的农产品流通渠道模式，另一种是以日本为代表的农产品流通渠道模式。尽管这两种模式存在一定差异，但都表现出如下共同特征。

（1）组织化、规模化的农产品流通主体

在发达国家，农产品流通的主体主要是企业化经营的农场、农产品批发与零售企业以及农户联合起来的协同组织（如农协、合作社），而非个人；同时，农工商一体化经营的程度较高。例如美国的农场规模大，但农户仍按协同联合方式进入市场。在美国的果蔬营销中，主要是农场主与生产合作社、产地中间商和大型超市或批发企业签约进行销售（占销售量的98%）。全国有150多万农场主参加了"全国农场主联盟"和"美国农业联合会"，还有众多农户参加了不同类型的农业生产与销售合作社。在日本，约有97%的农户加入了农协，90%的农产品由农协销售，80%的农业生产资料由农协采购。在发达国家，单独的农户在农产品营销组织体系中不占有重要地位。具有一定组织化程度的营销实体不仅在营销中具有较强的谈判实力，而且还具有其他组织所没有的销售优势，尤其是在开拓国外市场时更具优势。

（2）农产品流通渠道日益缩短，但批发市场的作用依然突出

农产品流通渠道日益缩短，这是美国农产品流通的一个显著特征。其原因

在于信息技术的发展和互联网的普及为异地交易提供了基础，便利的交通运输加快了农产品的流通速度。美国 78.5% 的农产品流通渠道结构为"生产地—配送中心—超市与连锁店—消费者"。经由批发市场的农产品相对数量在不断下降。美国销往批发市场的农产品交易量只占交易总量的 20%。尽管如此，批发市场仍发挥着主导作用，这不仅是因为它为供求双方提供交易场所、交易信息、交易方式和过程管理，从而实现交易和集散功能，更为重要的是其具有价格形成、发现和结算功能。

（3）远期交易、远程交易、拍卖交易成为农产品批发交易的主体内容

期货交易最早是从农产品开始的。1840 年美国芝加哥谷物交易所的成立，被看做现代期货市场诞生的标志。在当今世界农产品贸易中，期货交易应用广泛，85% 的世界农产品价格是由期货价格决定的。在现货交易市场中，发达国家的农产品凡需经过批发环节的大都以拍卖方式实现交易，如荷兰花卉拍卖市场效率之高令人赞叹。在日本，农产品拍卖交易也较为普及。

（4）连锁超市经营成为农产品零售终端的主要形式

发达国家很少有我国居民所熟悉的"农贸市场"这种零售形式，而主要是经营生鲜食品的小型专业店，自 20 世纪 60 年代以后，这种商店逐渐被连锁店和超市所取代。连锁经营的超市在农产品流通中的主渠道作用日益突出。

（5）物流配送系统和服务体系日渐完善

建立低成本、高效率的农产品流通服务体系和物流配送系统，对于具有易腐性、单位体积大、经济价值低等特点的农产品来说是至关重要的。发达国家便捷的交通网、完善的服务体系和配送系统、有效的保鲜设备、快速的信息处理网络，为农产品实现货畅其流创造了良好的条件。美国农产品 78.5% 从产地通过配送中心直接到零售商，农产品流通环节少、速度快、成本低、营销效率高。日本农产品流通的公共设施以及保鲜、冷藏、运输、仓储、加工等服务体系十分完备，如日本的批发市场实现了与全国乃至世界主要农产品批发市场的联网，批发市场能够发挥信息中心的功能，不必进行现场看货、实物交易，而实行只看样品的信息交易，实物则由产地直接向超市筹配中心运送，做到商物分离。

2.2　发展中国家的渠道发展历程

全球化浪潮之下，发展中国家的社会、经济和政治环境正形成了多种多样的农产品渠道演变、创新和交互，可以说这里有着研究农产品营销渠道问题最丰富的现实案例和最值得关注的重大问题。经济全球化带来了机会和挑战，一

些经济腾飞和转型的国家（和地区）正在经历着由传统化渠道系统向组织化渠道系统转变的关键时期，这种转变的直接诱因主要有：①农产品消费需求增加，这种需求刺激因为城市化加快、收入增加、交易成本减低（如冰箱家电、道路和交通的改善）等。②政策干预减少，市场化导向，如加大公共投资、市场自由化和外国直接投资自由化；③外国直接投资和国内竞争性投资热潮，以寻求规模经济及专业化。下面将简要地概括出发展中国家主要渠道环节如批发、加工和零售等渠道环节部分或者渠道系统整体由传统化向现代化的转变过程。

（1）渠道批发环节演变

1）批发市场"初始公共投资"阶段（1970～1980年）。这个阶段拉丁美洲和亚洲（除中国以外）国家快速投资大量公立批发市场，中国也在1990年代开始了这个进程，主要是对批发市场铺点和升级，以及建立市场信息系统，目标是减少小农户进入大市场的交易成本。

2）批发市场"去管制化和自由化"阶段（1990～2000年）。这一阶段批发市场的管制化减少，一方面使得农民可以得到更多的净收益（如中国谷物市场经验），但是另一方面价格波动的市场风险也相应增大（如马达加斯加谷物市场经验）。

3）批发市场"专业化和全球化"阶段（2000年以来）。批发市场的演变体现在如下三个方面：其一，新形态的批发市场开始出现合并趋势，比如印尼西爪哇农村地区蔬菜批发市场合并，墨西哥城市中出现的水果批发市场合并；其二，跨国性的批发和零售企业开始进入新的国家或省份，以便于配合它们的零售客户提供"跟进式"采购服务；其三，专业批发商大量出现，它们专攻于特定类别的产品，专门服务下游的现代农产品渠道客户，通过垂直合作的机制从上游的农户或加工企业中采购客户所需的农产品，而且它们往往规模巨大而且有更雄厚的资金，与传统批发商或经纪人大不相同。

（2）渠道零售环节演变

1）"公共食品零售分销和消费补贴运动"阶段（1970～1980年）。稳健的农副产品分销和更多零售网点被视为保障食品需求的重要手段，很多发展中国家如中国、俄罗斯、墨西哥和津巴布韦都在大量进行国有零售分销的政府投资，而一些地方政府则积极投资于城镇的集贸市场。

2）"超市快速起飞"阶段（20世纪90年代至21世纪早期）。跨国连锁超市作为全球化资本流动的重要工具在发展中国家不断掀起一波又一波的超市扩展和起飞浪潮，其驱动因素包括大量外国直接投资、国内私人投资竞争、国营零售的私人化、收入增加、城市化和购买系统的变化。超市在生鲜产品市场上的发展则相对较慢，且不同国家中的差异比较大，这主要源于本地生活习惯的差异以及集贸市场和便利店的替代。超市优先进货的食品类别一般是被称之为"商品"（如土豆），以及合并加工企业的一些产品如鸡肉、牛肉、猪肉和鱼。另外，拉美国家中超市生鲜产品销售额一般只有包装产品销售额的一半，如巴西，食品零售额比重为75%，圣保罗生鲜产品销售额比重仅为50%；阿根廷两者比例分别为60%和25%。而且在发达国家中也有类似情况，如法国超市这一比率分别为70%和50%。超市扩展具有内部空间性和内部社会经济阶梯形的特征。一方面，超市从大城市向小城市和城镇扩展，另一方面由早前向中产阶级服务转变为向大众服务。

2.3 中国农产品营销渠道的发展演变

2.3.1 中国农产品营销渠道的发展阶段

（1）农产品营销"大管小活"阶段（1978～1984年）

1）农产品生产政策导向——"就近生产、就近供应"，鼓励自给自足。这一阶段，我国生鲜产品的生产和供应处于严重短缺状态，生鲜产品总量供应不足和区域调配受到制约，主要工矿企业和大中城市是生鲜产品供应保障的重点，要求贯彻"就近生产、就近供应"方针。对于工矿企业，重点是就近成立蔬菜专业队或建立队社蔬菜基地，改变长途调运的状况，以内蒙古乌海市为例，当时企办农场供应的蔬菜量就占全市蔬菜供应量的63%。对于大中城市的生鲜产品供应，具体办法是坚持"城市郊区的农民要以种菜为主"方针和"以需定产、产稍大于销"原则，蔬菜队社进一步完善蔬菜生产责任制。

2）农产品集散体系变动——恢复、发展城乡集贸市场。1978年以前，我国农村和城镇生鲜产品贸易基本不存在，国营机构在中央计划下只有分配和流转职能，农村集贸市场和城市市场的自由批发和零售交易被禁止，这种情形在1978年以后才开始发生变化。一是提出"全面改革商品流通体制"政策，中国开始逐步恢复发展农村集贸市场，城市农副产品市场得以开放。二是多种生鲜产品集体或个人配送形式得到认可，长途跨区域贩运成为可能。国营蔬菜公司仍然是作为蔬菜调配的主要力量，集体商业可以向生产者或在集市上议价购进和销售，可以长途贩运瓜果蔬菜和禽肉水产品到外地或进城销售，甚至"社队集体、农民个人或合伙可以进行长途贩运"。但是当时也做出了特别性规定，比如合作商业组织和个人在仅限于贩运"三类农副产品"和统购派购任务以外允许上市的农副产品，而且大中城市和工矿区蔬菜基地生产的蔬菜不允许贩运。

3）农产品价格管理变动——分类控制和"大管小活"。在生鲜产品短缺、供需矛盾尖锐的情形下，改革政策的松动自然会引发生鲜农产品价格的明显波动，因而政府在生鲜产品价格管理极为重视。尤其是1983年前后，对于出口所需或内销紧缺的农副产品先后出现抬价抢购的现象，这些产品包括部分干鲜果、干鲜菜、水产品、畜产品和土特产品，如白果、大蒜、对虾、黑木耳等。而在暂时性价格波动得到稳定控制之后，政策认为要发挥国营蔬菜公司主渠道作用，实行"大管小活"，即主要蔬菜品种要实行全国总量控制，对细菜品种可实行合同议购，蔬菜主要品种的购销价格实行计划价格，对细菜品种和地区间的蔬菜调剂实行议购议销或浮动价格。

4）农产品购销体制变动——统一"价格目录"和"收购目录"，减少目录品种。1978～1984年，中国生鲜农产品购销体制的"渐进式"改革走在了农产品政策调整的前列。在遵照"计划经济为主、市场调节为辅"原则的前提下，中国将农副产品的国家价格管理目录同国家收购产品分类管理目录统一，改变对农副产品"统得过多、管得过死的状况"。1983年10月，规定的一、二类农副产品种类由46种减少为21中，1984年7月又调减至12种，其中牛肉、羊肉、鲜蛋、苹果和柑橘等9个品种放开自由购销，但生猪、蔬菜（大中城市和主要工矿区）仍在监管品种之列。另外，在1984年前淡水鱼已全部放开实行多渠道经营，而仍在派购之列的八种海水鱼也将逐步放开。

（2）农产品营销"双轨制"阶段（1985～1991年）

1）农产品生产政策导向——自给供应方针和发展"菜篮子工程"。在市场放开的短时期内，我国开始出现蔬菜产供销暂时不畅，例如蔬菜淡季供应紧张、蔬菜批发市场建设滞后以及国营蔬菜公司的市场调节作用不明显。因此，政策要求大中城市蔬菜供应"应主要依靠近郊区基地生产"、"有计划地发展远郊菜田，逐步形成一个近郊、远郊、外地相结合的菜田布局"。针对当时大中城市菜价上涨较快的现实，"菜篮子工程"开始成为生鲜产品流通改革的国家战略，并进入其探索发展的第一个历史阶段。1987年7月，商业部首次提出了大中城市政府要"切实关心群众的'菜篮子'"，加强价格管理和调控。到1988年，农业部建议在各大中城市实行首长负责制的"菜篮子工程"建设，并迅速在全国展开。1990年政府肯定"菜篮子工程"对促进城市副食品市场发展的重要作用，并明确提出把"菜篮子工程"作为城市市长绩效考核的重要内容之一（"菜篮子里面看市长的工作"）。这一时期是"菜篮子工程"探索发展的初级阶段，主要的指导重点是加强生鲜副食品生产基地建设，开始建立中央和地方的肉、禽、蛋、奶、水产品、蔬菜和水果生产基地，重点解决"菜篮子工程"主产品市场供应短缺问题。③随着流通体制改革的推进，我国生鲜农产品的产供销协作和初级农产品加工业开始活跃起来。1991年，我国已经出现"贸工农一体化"和"产供销一条龙"的经营组织，在提高农产品生产组织化程度、减低市场风险等方面发挥了重要作用。

2）农产品集散体系变动——"三多一少"，提高储运能力。首先，批发市场建设被进一步确立为我国生鲜农产品集散体系的主要策略。生鲜农产品集散的主要政策策略是"积极建立各种形式的蔬菜和副食品批发市场，为大批量农产品进城创造条件"。1986年，我国开始改革多层次批发体制，打破"三固定"（固定供应区域、固定供应对象、固定倒扣作价）批发管理模式和"一、二、三、零"（指一级、二级、三级批发站和零售企业）封闭经营模式，推行增加国有批发企业自主权的"四放开"政策（即经营、价格、用工和分配放开），形成"三多一少"（多种经济成分、多条流通渠道、多种经营方式和减少流转环节）的开放式批发模式。这些政策改革信号极大地缓解了我国生鲜农产品集散体系发展的制度性束缚。例如当时推广模仿"重庆贸易中心模式"，无偿征用原批发公司的仓库创建贸易中心开展业务。到1991年，国有合作商业部门组建的大中型蔬菜、水果批发市场达到600多个。其次，生鲜农产品集散体系对供销和储运的系统要求开始提高并得到国家政策的支持。1986年，我国一些地区在商业联合形式已从商业系统内发展到与铁路、交通、物资等部门，并出现了跨地区、跨部门、跨所有制联合组织。

3）农产品价格管理变动——国家指导价和市场调节价的"双轨制"。1986年，国家物价局等五个部局在《关于改进农产品价格管理的若干规定》的联合通知中规定"农产品价格管理实行国家定价、国家指导价和市场调节价三种形式"，逐步形成"少数重要的农产品实行国家定价，多数实行国家指导价或市场调节价"。其中，生猪、猪肉和大中城市大宗蔬菜等被纳入多层次（国家部委或地方政府的）国家指导定价。

4）农产品购销体制变动——取消统购、派购制度。1985年中央开始提出改革农产品统派购制度，实行多渠道直线流通，采用合同定购和市场收购，国家不再向农民下达农产品统购派购任务。1985年1月开始逐步取消生猪、水产品和蔬菜（大中城市和工矿区）派购。农产品经营、加工、消费单位可直接与农民签订收购合同，农民也可以通过合作组织或建立生产者协会，主动销售生鲜产品。

（3）农产品营销"市场经济体制转变"阶段（1992～2000年）

1）农产品生产政策导向——生产和市场并举，总量与效益平衡。首先，我国"菜篮子工程"开始进入探索发展的第二阶段，即从早期以生产基地建设为主转变为"生产基地与市场体系"并举的新阶段。"菜篮子工程"开始形成生产基地多样化的全国分布，表现出区域化、规模化、设施化和集约化发展的四大特点，"菜篮子工程"生产基地建设布局明朗化，如在东北、内蒙古、东南等地建设奶牛和水奶牛生产基地，在西北、内蒙古等地建设山绵羊基地；将"两岛一湾"（辽东半岛、山东半岛和渤海湾）建设为海水产品养殖基地。同时，"菜篮子工程"越来越重视产地和销地批发市场的共同建设，如定点蔬菜和定点水果产地批发市场需要所在地蔬菜和水果种植面积分别达到30万亩和10万亩以上，并且市场年交易量占当地蔬菜或水果生产量的2/3以上。再者，"菜篮子工程"首长负责制的绩效考核得以量化，例如广东省政府在1998年首次提出了菜篮子工程市长负责制考评办法，列出了11个菜篮子指标考核。其次，调整农业生产结构，重视生鲜农产品价值链的增值创造。1990年以后，我国生鲜农产品生产开始逐渐凸现"卖难"和"比较效益下降"问题。1998年，政府提出发展农副产品加工、储藏、保鲜和运销业，实现农产品多次增值。在技术层面上，重点支持农副产品加工企业、仓储企业在加工、储藏、保鲜、包装等领域的技术改造和设备更新；在制度层面，引导加工企业合理向产地转移，改变农产品加工业过度集中于大城市的局面。同时进一步强调生产结构调整，改变过去由于短缺而以提供初级产品为主的农业生产模式，在保持总量平衡的基础上突出质量和效益。引导生产具有比较效益的水果和瓜菜等经济作物，发展集约化、产业化的畜牧经营，促进高效生态型水产养殖和低值水产品深加工。

2）农产品集散体系变动——统筹规划。一方面，明确批发市场建设投资和收益关系，如"以地方为主，多渠道筹集"，坚持"谁投资谁受益"原则。另一方面，突出强调生鲜产品批发市场建设的重要性并积极总结成功模式，如山东寿光的蔬菜批发市场，同时公平扶持各类兴办主体开办的生鲜农产品批发市场，反对部门垄断。其次，快速推进专业性生鲜农产品批发市场统筹布局。1993年，我国农副产品批发市场已经发展到2001个；1994年12月开始布局建设生鲜农产品专业批发市场，例如在重要消费城市和主产区（北京、上海、成都和海南）建设大型农副产品中心批发市场，以蔬菜产品流通为主深圳布吉、山东寿光等蔬菜批发市场。再次，生鲜农产品批发市场管理规范化和法制化建设加快。例如1994年对中心批发市场和地方批发市场的设立、交易和管理等作出规定的《中国批发市场管理办法》；1997年区分中央投资的"国家重点水产品批发市场"和之外的"地方水产品批发市场"的《水产品批发市场管理办法》。

3）农产品流通成员——积极培育各类渠道成员。对新兴零售业态如连锁经营进行引导和规范，例如规范了三种生鲜连锁形式（直营连锁、自愿连锁和特许连锁），要求其经营肉类、禽蛋、蔬菜、水果、水产品及粮油食品的面积占全部营业面积的30%以上。鼓励发展农民合作经济组织，支持农民进入生鲜农产品流通领域，例如鼓励发展专业协会、产销服务队等多种形式的农民专业合作经济组织，逐步建立以农民及其合作经济组织为主体的农业社会化服务体系，并认可农民经纪人队伍和各种形式的民间流通组织是活跃农产品流通的重要市场中介力量。

4）农产品技术与制度创新——探索生鲜农产品"绿色通道"和电子交易制度。第一，生鲜农产品"绿色通道"制度对向大中城市运送蔬菜的车辆，交通部门不再对向城市运送蔬菜的车辆进行检查、收费和罚款，对违规运菜车辆也要先放行后处理。同时，加强蔬菜运输通道公路的建设、养护和管理，保障蔬菜运输"绿色通道"的畅通。第二，全民食物和营养改善规划开始提上宏观政策议程。1993年2月年和1997年12月，政府先后发布《九十年代中国食物结构改革与发展纲要》和《中国营养改善行动计划》，提出增加食物生产及改善家庭食物供应，完善农副产品两级储备体系，对各类食品生产、经营过程中推广使用危害分析关键控制点（HACCP）方法。第三，利用电子联网技术规范农产品行业市场信息统计。1997年政府公布了第一批148家全国农产品流通电子网络成员，其中蔬菜市场成员有12家，并对生鲜产品和副食品的批发、零售市场信息进行收集、统计和发布。

（4）农产品营销"经济全球化"阶段（2001年至今）

1）农产品生产政策导向——优势区域规划和出口竞争。规划全国生鲜农产品优势区域，应对WTO下国际比较效益差距的挑战。2002年5月，农业部初步提出生鲜农产品生产的三大分区指导，即沿海经济发达区三大优势分区（包括长江三角洲地出口创汇区、东南沿海地区优质高档"菜篮子"分区、环渤海地区劳动密集型生鲜产品区）、大城市郊区生产带、西部生态脆弱区。2003年，农业部发布《优势农产品区域布局规划（2003－2007）》，进一步明确规划11种优先发展的优势农产品区域布局。规划生鲜农产品精、深加工的发展，改变低值农产品出口状况。加入世界贸易组织前，我国生鲜产品市场、工业与生产基地的产业链尚未真正形成，初级加工比重大，精、深加工严重不足，不具备出口竞争优势。2002年，中国政府发布《食品工业"十五"发展规划》强调生鲜农产品加工重点在于采后储运加工，例如果蔬储运保鲜、果蔬汁、果酒、果蔬粉、切割蔬菜、脱水蔬菜、速冻蔬菜、果蔬脆片等深加工，改变当时的高采运损失率（30%以上）和果蔬加工处理率过低（20%～30%）

的局面。同时在《农产品加工业发展行动计划》中，倡导蔬菜产品重点发展无公害、绿色、有机蔬菜及加工制品，推行净菜上市，促进蔬菜的清洗、分级、整理包装等初加工，果品加工加大开发果汁及果汁饮料、罐头、果酒等市场容量大、前景广阔和有出口竞争力的产品。积极推进"走出去"的出口贸易政策，例如实行"扩大农业对外开放，积极参与国际竞争"的方针，重点扶持和扩大畜禽、水产品、水果、蔬菜、花卉及其加工品等劳动密集型产品、特色产品和有机食品的出口，积极实施"走出去"战略。

2）农产品集散体系变动——零售业蓬勃发展。这一阶段生鲜产品连锁零售发展极其迅猛。为了进一步提高流通产业的组织化程度和现代化水平，适应我国加入世界贸易组织的新形势，政府发布《全国连锁经营"十五"发展规划》，积极促进零售业结构的合理化和多样化，如发展现代大型综合超市、专业店和专卖店，传统百货店组织形式改造和功能创新，发展大卖场（hypermarket）和仓储式商店（warehouse）。同时提出大力发展连锁经营，以超市、百货连锁企业为主，向便利店、专业店、专卖店、大型综合超市、仓储式商店等多业态发展。初步贯穿全国的绿色通道系统。到 2002 年，我国的铁路、交通等部门已经开通运行了多条"绿色通道"，例如湛江至山东寿光、海南至北京、湖南至广东深圳等。

3）"菜篮子工程"新阶段——重视农产品质量安全。2001 年以后，"菜篮子"工程建设的主攻方向发生明显转变，生产安全、卫生的"菜篮子"产品成为关注重点，由主要解决供需短缺向主要解决餐桌的"隐性污染"转变。一方面，从技术和法规上强化质量安全保障，例如明确农产品质量标准、增加检测检验手段、起草《农产品质量安全法》、规划建设质量监督监测体系、新增质检和认证中心等。另一方面，加大无公害蔬菜、水果等生产基地建设，积极推行 GMP（良好操作规范）、HACCP（危害分析与关键控制点）、ISO9000 系列标准（质量管理和质量保证体系系列标准）、ISO14000 系列标准（环境管理和环境保证体系系列标准）认证和管理工作，建立"菜篮子"产品质量卫生安全追溯制度、认证认可和产品标识制度。

4）农产品垂直链条协作——订单农业兴起。农业产业化国家重点龙头企业是指以农产品加工或流通为主业，通过各种利益联结机制与农户相联系，带动农户进入市场，使农产品生产、加工、销售有机结合、相互促进，在规模和经营指标上达到规定标准并经全国农业产业化联席会议认定的企业。2001 年，农业部《关于做好促进农民增收五项工作的意见》提出做好产销衔接工作，积极发展"订单农业"，引导农户和集体与农产品的经营者签订产销合同，总结经验，完善办法，帮助双方规范合同文本，完善合同内容，加强信用教育和对合同履行的监督管理，切实提高履约率。

2.3.2 中国农产品营销渠道的系统特征

根据 McCullough 等（2008）的观点，不同国家的农产品营销渠道系统可以划分为三大类，即传统化的营销渠道、组织化的营销渠道和一体化的营销渠道。根据社会经济发展的阶段，这种分类也可视作农产品营销渠道演变和发展的主要阶段划分。简而言之，明显的阶段区别可以概括为：传统化的营销渠道发展阶段以成员分散、链条割裂、市场范围极其有限为主要特征；组织化的营销渠道发展阶段以成员逐步组织化、正式规则和制度开始发挥作用、多种渠道模式并存为主要特征；现代化的营销渠道发展阶段以强烈关注食品安全、高度集中化、强调供应链管理为主要特征。

根据参与渠道的成员、产品分销路径和交易活动流等情况，大致可以将我国农产品营销渠道系统分为三个阶段（表2-1）。下面将总体概括这三个发展阶段的渠道特征，然后再主要从渠道结构、渠道组织、渠道职能三个方面具体来展开论述。

第一，有计划的营销渠道阶段（1978～1985年）。该阶段主要特征有：营销活动具有浓厚的行政计划性色彩；政府所有的分销成员成为保障农产品供需的重要力量，例如国营农场、国营农产品公司和各级供销社等；农村和城市二元分销结构明显，表现为地区自给供应和渠道割裂；私营性质的渠道交易虽然逐步增加，如私人贩销户、集贸市场等，但是实力弱小、交易范围极其有限。

第二，传统化的营销渠道阶段（1986～1991年）。该阶段主要特征有：多种营销渠道格局初步形成，各类农产品市场的交易活动大量增加，建成较多的农产品批发市场和农贸市场；渠道结构冗长，"农民—经纪人—批发商—农贸市场—消费者"成为最重要的分销路径；农产品经纪人成为联结生产和销售的重要纽带；渠道成员分销职能综合化，如大部分批发商都进行批零兼营，生产农户往往需要承担运输、分级等职能。

第三，组织化的营销渠道阶段（1992年至今）。该阶段主要特征有：渠道组织化明显增强，包括农户加入生产合作社、加工和零售环节的集中化和一体化；正式契约关系开始成为重要的渠道交易方式，出现了订单农业、供应商供货和农超对接等创新；零售终端多样化，连锁超市、食品机构和便利店成为重要零售成员；传统的离散交易（"农户—经纪人—批发商—集贸市场"）与现代化契约交易（分销中心、专业批发商、农超对接等购销方式）并存，之间有替代关系也有互补关系。

表 2-1　农产品营销渠道不同发展阶段的系统特征

系统特征	传统化的渠道	组织化的渠道	一体化的渠道
消费	提高营养摄入； 饮食本土化；	饮食多样化； 转向加工食品；	高附加值食品； 加工食品
零售	小规模； 集市、杂货店和路边摊	超市扩张； FFV 比重较小	超市主导； 食品服务机构遍布
批发	传统批发商； 零售商兼营批发出口	传统和专业批发商； 少数零售商兼营批发	专业批发商； 零售商参与分销中心
生产	种植多样化，低投入； 大量的小规模农户	种植专业化，密集投入； 出现并购规模化种植	工厂化生产，大量技术； 规模化，生产者保护；
采购	传统市场	有组织化的市场	供应链管理
渠道多元化	单一渠道	多渠道	整合渠道
食品安全	原始的食品安全自律； 不可追溯	频发食品安全事件； 个别的私营追溯体系	HACCP 和 PLC； 私营、公共追溯并举
融资需求及供给	低需求； 割裂的金融自给	高需求； 投入品与农产品互换	低需求 普遍的社会融资
价值增值及分配	极少增值； 农户攫取	少数环节增值； 中间商攫取	全链增值 零售商或制造商攫取
价格形成及传导	分散的局部性价格； 缓慢的、非对称性传导	批发市场或批发商主导； 剧烈的、非对称性传导	全面公开化价格竞拍； 较稳定的、完全传导
渠道关系	强调社区关系； 低冲突	关系和规则并存； 高冲突	广泛的正式规则； 低冲突

2.4　发达国家农产品流通渠道建设对中国的启示

2.4.1　着力培养农产品流通主体

作为农产品流通主体，无论是生产领域的农户，还是流通领域的经营户，或者是农产品的生产经营组织，它们走向完善和成熟的标志就是规模化、组织化、企业化和一体化，这也是流通主体为节约交易费用，增强在交易与竞争中强势地位的必然选择。培育农产品流通主体的具体途径主要有：①引导农户和经营户走向规模化和企业化经营，通过规模经济来获取农产品市场营销中的竞争优势。②建立各种形式的专业合作经济组织和行业协会。加拿大是一个农业高度现代化、机械化的国家，农业人口只有 86 万人，占全国 3000 万人口的 3% 还不到，其农产品产量和出口量居世界前列，可见，该国的家庭农场具有很大的规模。但当地农民仍然感觉势单力薄，于是自发组建了自己的组织——农产品营销协会。该协会的职能有十多个方面，如确定农产品价格、组织农产品营销、与省政府合作制订农业政策、向农民提供价格咨询、发布供求信息、开展农产品的广告宣传、研究开发国际市场等。而中国的农业经营户的经营规模相当小，如果不联合起来，不可能在市场竞争与交易中取得平等地位，更谈不上优势地位。③培育农业产业化经营企业。一是组织农业经营公司。有人认为，任何产业的发展从本质上讲都是一个企业化的过程，也只有当某一产业的企业化程度发展到相当的水平时，该产业的人为控制程度以及现代化程度才会高。尽管中国的农业不可能像欧美国家那样发展大规模的家庭农场、公司农场和农业企业，但人多地少的国情可以让我们在相当一部分地区走日本、荷兰集约化、工厂化经营的路子，比如园艺果蔬和畜牧业等非土地密集型的产业，都可以建立一定规模的企业，进行企业化经营。二是要培育农产品加工企业，建立"公司＋农户"的农产品流通渠道。三是培育商贸型的龙头企业。在市场经济条件下，任何产业的发展都离不开中间商的支持，这是社会分工的必然结果，农业也不例外。

2.4.2 加强农产品市场体系建设

与工业品营销相比，批发市场在农产品营销中具有更为重要的地位，它是农产品流通渠道中的一个十分重要的中介。其原因在于，农产品的生产经营具有"小规模、大群体"的特点，即从生产、加工到市场销售，均表现出参与个体与组织众多；但规模与离散性强、层次低、组织化程度低的特征，这就需要借助批发市场把农产品的生产者和经营者联结起来。

完善农产品批发市场必须进行以下四个方面的升级改造：①市场运作的企业化，即市场的投资建设、管理均应按现代企业制度的规范要求进行，把批发市场作为类似于一种商品的市场客体来经营，真正做到"企业办市场，企业管市场，市场企业化"。②市场设施与服务功能系统化。要完善市场配套设施，兴建储藏、保鲜设施，建立农产品农药化肥残留检验和质量检测中心。规范化的现代批发市场应具有物资集散、价格生成、信息发布、标准化建设、服务引导、产品促销、产业带动等七大功能。中国农产品市场必须积极探索，切实采取有效措施，改变服务功能单一的局面，不断完善配套功能。③加强市场的信息化建设。首先是要进行市场信息网络建设，形成高度集成的农产品批发市场信息网络；其次要设立专门机构，配以专职人员广泛收集信息，准确发布农产品信息，包括价格信息、生产信息、市场供求信息、库存信息及相关政策法规信息。④促进批发市场农产品经营主体的组织化和企业化。条件成熟的地区，可逐渐推行会员制，实行市场准入制度。

2.4.3 大力推进农产品交易方式的变革

在中国农产品交易中占主导地位的现货交易方式，存在着价格信息不公开、商流与物流不分离等缺陷。积极探索新的交易方式、提高交易效率已势在必行。农产品交易方式的改革方向是，逐渐采用拍卖交易、仓单交易、远程合约交易、网络交易、期货交易等交易方式。

农产品实行拍卖交易有诸多好处，如降低交易费用，提高交易效率；减少传统现货交易中的暗箱操作，使交易更趋公平公正，在一定程度上减少欺诈行为；形成对生产和消费具有重要指导意义的权威价格信息。发展拍卖交易一方面要建立相应的硬件设施，包括拍卖大厅、电子报价系统等，另一方面还要制定具体的拍卖交易原则，建立农产品的标准质量体系，帮助交易者改革传统的农产品经营习惯，根据拍卖要求对农产品进行分级、整理和包装。

在商品交易过程中，如果发生商品所有权的多次转手，商品实体在不同所有者之间多次流动，就会增加运输、装卸等交易费用。而采用仓单交易的形式可使现货交易中的商流和物流分离，节约商品实体运动过程中产生的费用。目前，中国的仓单交易仅限于期货交易所。事实上，现货交易也可运用这种形式。以家庭为单位的农民生产规模小，储备能力差，谈判中地位低，采用的是传统现货交易方式，只能被动接受收获季节的较低价格，独自承担价格下降的风险，采用仓单形式进行的农产品现货交易，可以改变这一状况。

新型的网上电子商务贸易为传统农业的发展带来了机遇。与传统农业贸易相比，农业电子商务具有交易虚拟化、交易成本低、交易效率高、交易透明化等特点。目前全国已有几百家涉农网站，这些网站已开始尝试进行农产品的电子商务交易。农产品网上直接销售的途径很多，既可以在自己的站点上直接销售，也可以加入电脑网络广场和虚拟电子商场。顾客通过访问网页挑选商品，完成交易过程，销售商通过快递公司把货物送到客户手中。

2.4.4 积极推进农产品的超市连锁经营

长期以来，农贸市场一直是中国农产品流通渠道中最为重要的销售终端。这种传统的零售终端存在诸多问题，如质量保证问题、经营不规范问题等。近几年来，许多人主张将农贸市场改为超市。生鲜超市是农贸市场与现代超市相结合的产物，它能取二者之长，弥二者之短，充分发挥特色优势。经营生鲜农产品的超市可以有以下三种形式：一是以经营食品为主的超级市场；二是设有较大食品经营区的大型综合超市；三是农产品专卖店和连锁店。通过示范带动乃至政策扶持等措施推进农产品的超市经营和连锁经营。

2.4.5 逐步建立和完善农产品物流配套系统

商品流通的高效率需要物流系统的高效率。实现物流系统的高效率，必须把传统的物流途径（即商品必须经由制造、批发、仓储、销售等诸多环节的多层次复杂流程才能到达消费者手中）简化为由生产者经配送中心到达零售终端。美国农产品从产地通过配送中心直达零售商的占 78.5%。对于我国农产品流通渠道体系，目前存在两种不同意见：一种意见主张通过农产品批发市场的升级改造，建立一个以批发市场为枢纽，以具备一定组织化程度的农产品经营者为主体，以规范化的集贸市场和超市为末端的较为现代化的农产品流通渠道体系；另一种意见则主张大力发展以物流配送为枢纽，以连锁公司为经营主体，以超市为末端的现代化农产品流通体系，并取代批发市场体系。

但无论如何，发展农产品物流配送系统是一种必然趋势，因此，必须逐步建立和完善农产品物流配送系统。鉴于农产品的特殊性，在建设农产品物流配送系统的过程中，必须重视以下问题：一是农产品库存管理问题。从严格意义上讲，超市的生鲜农产品管理不应该定义为库存管理；二是农产品运输问题。对于生鲜农产品而言，时间资源是最为稀缺的；三是合理确定农产品的配送半径问题；四是农产品绿色物流问题。只有妥善地解决好这些问题，农产品流通渠道才能更为通畅。

2.5 本章小结

通过对农产品营销渠道的发展演变过程的总结和归纳，可以看出，整体上，农产品营销渠道经历了从生产者为中心的运销阶段、中间商为主导的贩运阶段和消费者为中心的整合营销阶段的变迁。通过对典型国家和地区的农产品营销渠道模式的横向比较分析可以看出，农产品营销渠道体系和模式受农业生产环境、政府政策、农业现代化进程等多方面因素的影响而显示出一定的差异，或者说各国根据农业生产和农产品市场的实际特点而对农产品营销渠道进行了相应的调整。通过对中国农产品营销及渠道模式的比较，可以看出，中国农产品营销渠道体系建设从理论到实践与农业发达国家还有一定的差距。

第3章
农产品营销渠道结构与渠道绩效

  自 20 世纪 90 年代以来，国外学者从不同的视角围绕渠道结构的概念、度量及其与渠道绩效的关系等问题进行了探讨，初步构建出渠道结构理论的基本框架；但在渠道结构与渠道绩效的关系问题的研究上，研究结论出现了分歧。比如，渠道长度对于渠道绩效究竟有何影响，以往关于渠道短、环节少则流通效率高的看法是否正确；渠道密度如何确定，同一层次上的渠道成员数量越多渠道效率是否越高；单一渠道或双重渠道是促进了渠道绩效的提高还是加剧了渠道间的冲突等等。这些问题至今没有形成统一的结论，因此，探讨和分析渠道结构与渠道绩效两者间关系问题非常重要。

  在中国，由于种种原因，渠道结构研究还没有引起学者们的重视，他们对渠道结构的研究没有给予足够的关注，现有的少量研究还仅停留在对国外文献的整理和对某些基本问题的初步研究的层次上。理论界对渠道结构研究的不足，直接影响到企业渠道结构和渠道管理决策。

  当前，在农产品营销领域，存在大量低绩效的渠道行为和现象，比如渠道效率低下、渠道环节多余、渠道冲突严重、渠道利益分配不公、营销成本高，严重制约和影响了农产品的流通和消费。因而，迫切需要改变这种低绩效的渠道现状。

  因此，以农产品营销渠道中的成员和组织为研究对象，深入研究渠道结构与渠道绩效间的作用机理，并以此为基础，建立适合中国农产品营销环境和特征的渠道结构实施机制，具有极为重要的理论价值和现实指导意义。

  本书在借鉴国外相关研究成果的基础上，将渠道协同和渠道职能作为中介变量引入渠道结构与渠道绩效的关系模型中，构建一个基于中介效应的整合关系模型，并以东部（山东和广东）、中部（湖北和河南）、西部（四川和陕西）六个省的农产品生产企业、批发商和零售商等企业为实证样本，对新模型进行了实证检验，最后根据研究结论提出了若干管理建议。

3.1 相关研究概况

3.1.1 理论背景

按照路易斯·斯特恩（Louis Stern）和安妮·T. 科兰（Anne T. Coughlan）的观点，渠道结构（channel structure）描述了渠道中各种类型的成员、市场上共存的每一类型成员的密度和数量以及市场上共存的不同渠道的数目。渠道结构包括渠道长度、渠道密度和渠道广度三个维度。渠道长度决定是否中介以及选择何种中介来分销产品，渠道密度决定同一层级的渠道成员数量，渠道广度决定是采用单一渠道还是选择多元化渠道。可以看出，渠道结构是整个营销渠道中的一个非常重要和核心的概念，决定了渠道的结构，就确定了整个渠道体系。在农产品营销领域，有关渠道整合呼声日渐高涨，有人认为水平和垂直一体化整合有助于降低交易成本，提高渠道绩效（Kolhs，1999）。而实际上这种整合最终表现为渠道结构的调整。

渠道绩效（channel performance）是指渠道链或者渠道成员取得的实际结果，可以通过一系列财务指标和市场指标来衡量。渠道绩效往往受到多种因素的影响。在农产品营销过程中，有关超额的利润、低效的机构、多余的渠道环节、高昂的营销成本等常被提起，用以解释说明高昂的食品零售价格和低廉的农产品收购价格产生的原因，出现了农产品滞销、分配不合理、消费者付出高昂的成本却难以获得安全可靠的食品等渠道问题，这实际上就是渠道绩效水平低下的一种具体表现。

渠道协同（channel collaboration）是指渠道成员间通过合同约定、信任承诺等方式实现沟通和协作，从而对顾客需求做出快速反应。巴克林（Bucklin）认为一个理想的渠道结构是可以通过合理调整产品或服务产出水平来使系统的总成本降低到最低的一种结构，而这需要大量的相互协调和合作。人们往往将渠道效率的低下归咎于多余的渠道环节和高昂的营销成本，认为减少渠道环节就有助于改变这种状况，而事实是，减少渠道环节带来的结果是渠道职能的承担和履行集中在更少的渠道成员身上，反而降低了渠道的服务产出。显然渠道效率低下不单是渠道环节多所造成的，其中一个重要原因是缺乏渠道协同（Rosenbloom 在其著作《营销渠道——管理的视野》一书中将其解释为关联效率），一个例证是日本的农产品营销渠道环节多却富有效率（中国社会科学院日本研究所"中日流通业比较研究"课题组，1994）。

渠道职能（channel function），即渠道成员在产品流转过程中采取的主要专业性活动。农产品从生产者到最终消费者，需要经过不同的阶段，职能相应地由营销渠道的各个环节共同或分别承担，而渠道成员在履行职能的过程中伴随着价值增值和成本增加。农产品的有些效用（如形式效用、时间效用、地点效用等）并不天然具有，而是各渠道成员在履行职能过程中附加的，即渠道职能的履行过程同时伴随着农产品的价值和效用的增加。因此，本书中的渠道职能实际是指渠道成员以一定的成本费用来创造用以满足消费者的价值和效用。一般来讲，渠道成员的管理水平越高，其承担相同职能所付出的代价越低，因此，渠道职能实际反映的是渠道成员的效率问题。

3.1.2 测量方法

20世纪90年代，Clark（1999）、Siguaw等（1998）等学者从渠道结构的角度提出具有操作性的CSPETOR量表，使得渠道结构与渠道绩效关系的研究成为可能。此后，学者们以不同国家和不同行业的企业为实证样本，利用CSPETOR量表或其他改进量表就渠道结构与渠道绩效之间的关系进行了大量的实证研究。但研究结论出现了一些分歧，没有形成统一的结论。大致有两种对立的观点，一种是认为渠道结构与渠道绩效之间存在正相关关系；另一种是渠道结构与渠道绩效之间不存在显著的关系。

在研究渠道结构与渠道绩效之间的直接关系影响的同时，许多学者就渠道结构与渠道绩效之间是否存在中介变量的问题也进行了广泛的探讨。他们中大多数认为，渠道协同可以促进公司增强企业竞争能力，提高顾客满意度，提升企业的效能，进而影响到企业的绩效。在这一渠道结构与渠道绩效关系的逻辑链条中关键核心就是渠道职能的合理流转，也就是将渠道职能作为渠道结构与渠道绩效之间的中介变量。如Siguaw和Simpson（1998）通过实证研究验证了渠道结构—协同—渠道绩效这一连锁关系的存在。但也有学者的研究结论与之相反，Kumar和Stern（1992）、Quinn和Murray（2005）等学者在对渠道结构—协同—渠道绩效间的连锁关系进行实证研究时发现，渠道的协同与协作并没有对渠道结构与组织绩效间关系产生显著的中介效应。此外，Sharma和Dominguez（1992）认为，渠道职能与渠道协同两者的关系相辅相成，渠道成员在合理的渠道结构内履行职能所创造的价值和效用必须结合渠道协同才能有效地提高企业的绩效，否则，渠道成员多且采取不合作态度，将增加交易费用，从而降低渠道效率，最终单个渠道成员所多创造的价值也会被严重的渠道冲突和高交易成本所抵消。因此，渠道协同也是渠道结构与渠道绩效之间的中介变量。

国内也有少数学者从事渠道结构的研究。胡华平（2012）对渠道结构与分销效率的关系进行了探讨；研究发现，渠道结构与企业经营成果之间存在正相关。可以看出，目前国内对渠道结构与渠道绩效之间关系的研究还刚刚起步，主要是针对渠道结构与渠道绩效之间直接关系进行研究。

3.2 研 究 设 计

3.2.1 概念模型及研究假设

在对相关研究文献回顾的基础上，我们将渠道结构、渠道协同、渠道职能和渠道绩效同时纳入模型之中，建立了一个新的渠道结构与渠道绩效间关系模型，整体性探讨渠道结构与渠道绩效间的关系。构建的渠道结构与渠道绩效整合关系模型如图 3-1 所示。模型中四个变量间的关系如下所述。

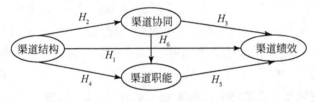

图 3-1　概念模型中的假设关系

（1）渠道结构与渠道协同、渠道绩效的关系

渠道结构和渠道协同这两个概念相互交织，它们协同对渠道绩效产生影响作用。从消费者行为的角度来看，渠道协同是指组织间产生现有和潜在顾客需求采取协调一致的适当反应。从组织行为的角度来看，渠道协同作为一种组织行为，能更有效率和高效能地创造必要的行为为顾客创造卓越的价值。Siguaw（1998）进一步认为渠道结构只有与渠道协同相结合，才会有效地提升渠道绩效。

这就是说，无论是从消费者行为角度还是从组织行为角度来看，渠道结构都只有与渠道协同相结合才能对渠道绩效产生正向的影响。这一结论也为 Baker 等（2002）的实证研究所分别证实。Baker 等（2002）以 411 家美国公司为实证样本，采用 Clark（1999）的 CSPETOR 量表，对渠道结构、信任承诺（一种渠道协同度量）和渠道绩效之间的关系进行实证研究。研究发现，渠道结构和信任承诺对渠道绩效均有显著的正向影响，渠道结构与信任承诺对渠道绩效有综合的影响。也就是说，一个企业若对渠道成员没有信任承诺，将降低渠道间的协同能力，这样，即使拥有理想的渠道结构也并不会提高其渠道绩效。

Minot 和 Roy（2002）则以渠道协同为中介变量，采用 CSPETOR 量表，对渠道结构—渠道协同—渠道绩效间的连锁关系进行实证研究，结果显示，渠道协同对渠道结构与渠道绩效间关系具有一定的中介效应。

据此，本书将渠道协同作为渠道结构与渠道绩效间的中介变量，提出并将验证下列假设：

H_1：渠道结构对渠道绩效有正向的显著影响。

H_2：渠道结构对渠道协同有正向的显著影响。

H_3：渠道协同对渠道绩效有正向的显著影响。

（2）渠道结构与渠道职能、渠道绩效的关系

渠道结构本质上是指企业针对市场状况所做出的渠道决策和管理方式，是一种创新行为的表现形式，从这个意义上来说，绩效是渠道结构的"后果"。借助于渠道结构，企业和上下游渠道成员间可以实现双向互动。因此可以说，合理的渠道结构能促进企业产品更好地占领市场，获得较高的市场占有率。

除了单独研究渠道结构与渠道职能、渠道职能与渠道绩效外，还有学者全面研究渠道结构—渠道职能—渠道绩效间的连锁关系。Bonoma（1998）以银行业为实证样本，采用修正的 CSPETOR 量表，证实渠道结构、职能和渠道绩效间存在连锁关系。但也有学者的研究结论与之相反，Skinner（2002）在对渠道结构—渠道职能—渠道绩效间的连锁关系进行实证研究时发现，职能并没有对渠道结构与渠道绩效间关系产生显著的中介效应。

鉴于对渠道结构与渠道绩效间关系的中介效应的研究结论的不一致，本书将渠道职能作为中介变量引入渠道结构与渠道绩效关系模型之中，对渠道结构—渠道职能—渠道绩效间的连锁关系进行修正，提出并将验证下列假设：

H_4：渠道结构对渠道职能有正向的显著影响。

H_5：渠道职能对渠道绩效有正向的显著影响。

（3）渠道协同和渠道职能的关系

渠道协同有助于以较低的费用和成本实现渠道职能在不同渠道成员间的分配和履行，即依赖于渠道成员间的信任承诺、合作态度等，职能的履行与划分将会变得容易。Bonoma（1998）的研究结果显示，渠道协同与渠道职能之间存在正向的关系。从本质上说，渠道协同实际上是一种企业间的协作关系。结合渠道协同的内涵来看，企业的渠道协同行为将主要促使渠道职能的快速和高效执行。因此，本书提出并将验证下列假设：

H_6：渠道协同对渠道职能有正向的显著影响。

根据上述研究假设的推导，模型中各个变量间的因果关系可通过图 3-1 来表示。

3.2.2　个案访谈

为确保模型的科学性，我们实地走访了四家具有代表性的湖北农产品营销企业。这四家企业分别为国有企业、国有控股上市公司、民营股份企业和外商投资企业，分属于加工、批发、零售和运输四个不同的领域。接受访谈的被访者或是总经理或是副总经理，具有相当丰富的管理学知识和实践经验，对公司的情况和行业情况极为了解。

访谈采用开放式询问法，由我们提出一些线索性的问题，让公司管理人员自由回答，以尽可能地了解与研究有关的信息，发现研究中忽视的问题，对模型进行确认和调整。

3.2.3　量表设计

渠道绩效研究在西方已有十余年的历史，现已发展出一些具有较高信度与效度水平的研究量表。本书为了确保所用量表的信度与效度水平，尽量借鉴多数国外学者使用的量表。由于这些参考量表几乎都是英文量表，为忠于国外量表的原意和确保中国受访者正确理解量表内容，我们采用"双向翻译"的方法设计量表。首先将其翻译成中文，然后由英文专业的研究生翻译成英文，再通过语意对比和反复推敲，最后形成量表的初稿。

确定量表初稿之后再对量表进行预试，以评估量表的语意表达的准确性。预试先后进行了三轮，在每次预试后，对量表中存在的问题进行修正。修正后的量表情况为：①渠道结构量表包括渠道长度、渠道密度和渠道广度三个子构面，共有 17 个度量指标，其中，有关渠道长度的指标 7 个，渠道密度的指标 4 个，渠道广度的指标 6 个。②渠道协同量表包括信任承诺、利益共享和活动协调三个子构面，共有 15 个度量指标，其中，有关信任承诺的指标 6 个，利益共享的指标 5 个，活动协调的指标 4 个。③渠道职能量表包括职能履行和效用创造两个子构面，共有 11 个度量指标，其中，有关职能履行的指标 5 个，效用创造的指标 6 个。④渠道绩效量表包括财务指标和市场指标两个子构面，共有 6 个度量指标，其中，财务性指标和市场性指标各为三项。

3.2.4 抽样方法与样本

本书在全国范围内进行跨省市不同农产品营销渠道组织的分层抽样。实证样本分布在山东、广东、湖北、河南、四川和陕西六个省份，这其中既包括沿海经济发达的省份，也包括经济欠发达的西部省份，样本的选择具有一定代表性。

由于调查内容涉及企业的多方面情况，因此调查对象选定为了解企业情况的负责人（至少为中层的经理），具体调查采用邮寄调查法。本次调查共发放问卷200份，最终回收119份，其中有9份作答不完全，所以有效问卷为110份，有效率为55.0%。

为了使研究结果可以进行推广，需要对未回问卷可能产生的偏误（no-re-sponse bias）进行检验。我们采用外推法（extrapolation method）来进行检验。根据邮戳的时间，将邮寄调查回收的问卷分为第一次回收和第二次回收两组，比较这两组样本企业是否存在显著性的差异，以此来判断未回函者的偏误的情形。同质性检验结果显示，在5%的显著性水平下，第一次回收和第二次回收两组样本无显著性差异存在，也就是说，可以不考虑偏误的影响。

采用 LISREL 对数据进行分析。LISREL 分析的样本数应满足：样本数减去待估计的参数个数应大于50（Bagozzi and Yi，1988），如果是采用最大似然法（ML）来估计，样本数最少应在 100~150（Velicer and Harlow，1995）。本书的样本数为110，符合 LISREL 的数据分析要求，故可采用 LISREL 进行数据分析。

3.2.5 数据分析方法

根据研究目的和检验假设的需要，我们运用 SPSS12.0 和 LISREL8.52 分析软件对调查数据进行分析。数据分析包括两部分内容：一是量表的信度与效度检验，主要方法包括信度分析和验证性因素分析等；二是研究假设的验证。结合文献研究，采用两段法，借助 LISREL 软件，运用结构方程模型（SEM）方法对研究模型进行分析。第一阶段，对每一个构面及其度量指标进行信度和效度分析，确定各个构面的信度与效度水平。若构面的信度和效度没有达到理想标准，则需对度量指标进行调整，直到符合理想的标准；第二阶段，在第一阶段的基础上，将构面的多个度量指标缩减为少数或单一的度量指标，再运用 LISREL 对模型进行分析。

3.3　数据分析结果

3.3.1　量表的信度与效度

3.3.1.1　信度

采用内部一致性指标 Cronbach's α 系数对量表的信度进行检验。具体结果如表 3-1 所示。表中各构面及其子构面的 Cronbach's α 都在 0.8 以上，全部超过了 0.7 这一可以接受的信度水平（Anderson and Gerbing，1988）。

表 3-1　各构面的 Cronbach's α 系数

构面	子构面	Cronbach's α	构面	子构面	Cronbach's α
渠道结构		0.908	渠道协同		0.910
	渠道长度	0.843		信任承诺	0.866
	渠道密度	0.832		利益共享	0.853
	渠道广度	0.802		活动协调	0.818
渠道职能		0.860	渠道绩效		0.870
	职能履行	0.804		财务指标	0.863
	效用创造	0.803		市场指标	0.807

3.3.1.2　效度

（1）内容效度

内容效度主要是用来反映量表内容切合主题的程度。检验的方法主要采用专家判断法，由相关专家和专业人士就题项（item）恰当与否进行评价。本书所采用的量表主要是根据相关文献中已有的量表，结合个案访谈的结论修改而成，因此具有很高的内容效度。

（2）建构效度

建构效度主要是用来检验量表是否可以真正度量出所要度量的变量，主要分为会聚效度和区分效度两种。

会聚效度一般通过验证性因子分析来检验。验证性因子分析的拟合情况如表 3-2 ～ 表 3-5 所示。可以看出，各构面的验证性因子分析的拟合情况较好。验证性因子分析结果显示，各个题项及子构面的因子载荷都在 0.5 以上，且 T 值都达到了显著性水平，这说明各个构面都具有很强的会聚效度。

表 3-2　渠道结构量表

构　　面	题　项	因子载荷（标准化系数）	区分效度	
			构面	相关系数（置信区间）
渠道长度（MCL）	MCL1	0.79[a]	MCL—MCD	0.84（0.80，0.88）
	MCL2	0.65**	MCL— MCE	0.91（0.88，0.94）
	MCL3	0.61**	MCD—MCE	0.89（0.85，0.93）
	MCL4	0.73**		
	MCL5	0.85***		
	MCL6	0.67**		
	MCL7	0.53**		
渠道密度（MCD）	MCD1	0.54[a]		
	MCD2	0.81**		
	MCD3	0.81**		
	MCD4	0.70**		
渠道广度（MCE）	MCE1	0.72[a]		
	MCE2	0.72**		
	MCE3	0.78**		
	MCE4	0.52**		
	MCE5	0.61**		
	MCE6	0.83**		
$\chi^2 = 205.35$　$df = 116$　GFI = 0.84　CFI = 0.97　RMSEA = 0.073				

a 设为固定值；** 表示 $P < 0.05$；*** 表示 $P < 0.01$

表 3-3　渠道协同量表

构　　面	题　项	因子载荷（标准化系数）	区分效度	
			构面	相关系数（置信区间）
信任承诺（BTP）	BTP1	0.85[a]	BTP-BVS	0.80（0.76，0.84）
	BTP2	0.83***	BTP-BAC	0.82（0.77，0.87）
	BTP3	0.65**	BVS-BAC	0.77（0.72，0.82）
	BTP4	0.73***		
	BTP5	0.80***		
	BTP6	0.67**		
利益共享（BVS）	BVS1	0.84[a]		
	BVS2	0.84***		
	BVS3	0.78***		
	BVS4	0.52**		
	BVS5	0.86***		
活动协调（BAC）	BAC1	0.63[a]		
	BAC2	0.63**		
	BAC3	0.84**		
	BAC4	0.86**		
$\chi^2 = 109.23$　$df = 87$　GFI = 0.89　CFI = 0.98 RMSEA = 0.048				

a 设为固定值；** 表示 $P < 0.05$；*** 表示 $P < 0.01$

表 3-4　渠道职能量表

构　面	题　项	因子载荷（标准化系数）	区分效度	
			构面	相关系数（置信区间）
职能履行（CFC）	CFC1	0.33^{a}	CFC-CUC	0.64（0.57, 0.71）
	CFC2	0.88**		
	CFC3	0.94**		
	CFC4	0.82**		
	CFC5	0.56**		
效用创造（CUC）	CUC1	0.39^{a}		
	CUC2	0.59**		
	CUC3	0.83**		
	CUC4	0.88**		
	CUC5	0.83**		
	CUC6	0.43**		

$\chi^2 = 83.55$　$df = 43$　GFI $= 0.89$　CFI $= 0.97$ RMSEA $= 0.093$

a 设为固定值；** 表示 $P < 0.05$；*** 表示 $P < 0.01$

表 3-5　渠道绩效量表

构　面	题　项	因子载荷（标准化系数）	区分效度	
			构面	相关系数（置信区间）
财务指标（FPI）	FPI1	0.88^{a}	FPI-MPI	0.79（0.74, 0.84）
	FPI2	0.86***		
	FPI3	0.80***		
市场指标（MPI）	MPI1	0.78^{a}		
	MPI2	0.78**		
	MPI3	0.77**		

$\chi^2 = 12.92$　$df = 8$　GFI $= 0.96$　CFI $= 0.99$　RMSEA $= 0.064$

a 设为固定值；** 表示 $P < 0.05$；*** 表示 $P < 0.01$

　　区分效度的检验采用相关系数法。各个构面的子构面之间的相关系数如表 3-2～表 3-5 所示。表中数据显示，各个相关系数值的 95% 的置信区间不包含 1，这说明各个子构面之间具有一定的区分效度。

　　从以上检验结果可以看出，经过修改后的量表，具有相当高的信度和效度水平，采用这些量表进行调查而获得的数据具有很高的内部一致性，能真实反映所要度量的变量。

3.3.2 结构方程模型的设定及评价

（1）理论模型及其参数

以构面的度量指标为其子构面，以各子构面的度量题项评分的平均值作为该子构面的评分，将构面的多个度量指标缩减为少数度量指标。具体来说，本书中各个构面的度量指标为：

1）渠道结构含渠道长度（$x1$）、渠道密度（$x2$）、渠道广度（$x3$）等三个度量指标；

2）渠道协同含信任承诺（$y1$）、利益共享（$y2$）、活动协调（$y3$）等三个度量指标；

3）渠道职能含职能履行（$y4$）、效用创造（$y5$）等两个度量指标；

4）渠道绩效含财务指标（$y6$）和市场指标（$y7$）等两个度量指标。

本书的理论模型可转化为结构方程模型路径图。模型路径图及其参数如图 3-2 所示，其中，潜在变量以椭圆形来表示，标识变量则以矩形来表示。

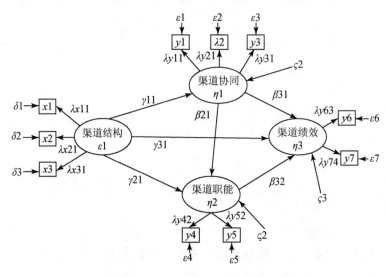

图 3-2　模型路径图及其参数

（2）模型的信度与效度

模型中各个构面的信度、区分效度和会聚效度如表 3-6 ～ 表 3-8 所示。结果显示，信度、区分效度和会聚效度都达到理想接受水平，这说明模型中各个构面的内部一致性程度高，具有较好的会聚效度和区分效度。

表 3-6　模型的信度与区分效度

构　面	Cronbach's α	区分效度	
		构面	相关系数（置信区间）
渠道结构（CS）	0.91	CS—CC	0.94（0.91，0.97）
		CS—CF	0.71（0.64，0.78）
渠道协同（CC）	0.87	CS—CP	0.64（0.57，0.71）
渠道职能（CF）	0.80	CC—CF	0.79（0.73，0.85）
		CC—CP	0.61（0.53，0.69）
渠道绩效（CP）	0.81	CF—CP	0.73（0.67，0.78）

表 3-7　整体模型拟合度的评价标准

指　标	绝对拟合度			简约拟合度			增值拟合度		
	χ^2/df	GFI	SRMR	RMSEA	PNFI	PGFI	NFI	NNFI	CFI
评价标准	<3	>0.9	<0.08	<0.06	>0.5	>0.5	>0.95	>0.95	>0.95

表 3-8　模型拟合的基本情况

变　量	因子载荷[a]（λ 或 γ）	T 值	测量误差（ε 或 ζ）	组成信度	平均变异抽取量
渠道结构				0.91	0.75
渠道长度	0.83[b]	10.47 ***	0.31		
渠道密度	0.86	11.02 ***	0.26		
渠道广度	0.91	12.26 ***	0.17		
渠道协同				0.88	0.7
信任承诺	0.85[b]	—	0.28		
利益共享	0.84	10.99 ***	0.29		
活动协调	0.81	10.28 ***	0.35		
渠道职能				0.80	0.67
职能履行	0.79[b]	—	0.37		
效用创造	0.84	8.46 ***	0.30		
渠道绩效				0.83	0.71
财务指标	0.74[b]	—	0.45		
市场指标	0.92	7.40 ***	0.15		

绝对拟合度：χ^2 = 31.74　　df = 29　　P = 0.332　　GFI = 0.94　　SRMR = 0.030　　RMSEA = 0.029

简约拟合度：PNFI = 0.63　　PGFI = 0.50　　增值拟合度：NFI = 0.98　NNFI = 1.00　CFI = 1.00

a 因子载荷为标准化值；b 设为固定值；*** 表示 P < 0.01

3.3.3 结构方程模型拟合度的评价

模型拟合的基本情况如表 3-8 所示。我们从基本拟合标准、整体模型拟合度和模型内在结构拟合度三个方面对模型的拟合度进行评价。

（1）基本拟合标准

各个构面的标识变量的因子载荷都为 0.5 ~ 0.95，都达到 0.01 显著性水平，且没有负的测量误差。这表明模型完全符合基本拟合标准。

（2）整体模型拟合度

整体模型拟合度包括绝对拟合度、简约拟合度和增值拟合度三类指标。这三类指标的评价标准如表 3-7 所示。这些指标与标准比较的情况分别为：

1）绝对拟合度指标与标准比较的情况为：$\chi^2/df = 31.74/29 < 2$、$P = 0.332 > 0.05$、GFI $= 0.94 > 0.9$、SRMR $= 0.030 < 0.08$、RMSEA $= 0.029 < 0.06$。这说明，观测的方差协方差矩阵与估计的方差协方差矩阵不存在显著性差异，样本数据与模型拟合程度很高。

2）简约拟合度指标与标准比较的情况为：PNFI $= 0.63 > 0.5$、PGFI $= 0.50 = 0.5$。可以看出，PNFI 完全符合标准，而 PGFI 刚好处于标准的临界水平。总的来说，模型的简约拟合度指标比较好，它反映出模型比较简约。

3）增值拟合度与标准比较的情况为：NFI $= 0.98 > 0.95$、NNFI $= 1.00 > 0.95$、CFI $= 1.00 > 0.95$。这三个指标都达到了标准，其中 NNFI 和 CFI 的值还高达 1。这就从与虚无模型比较的角度进一步说明了本书的结构方程模型具有很好的拟合程度。

（3）模型内在结构拟合度

从组成信度来看，渠道结构、渠道协同、渠道职能和渠道绩效的组成信度分别为 0.91、0.88、0.80 和 0.83，都在 0.7 以上；从平均变异抽取量来看，这些研究变量的平均变异抽取量分别为 0.75、0.7、0.67 和 0.71，都在 0.5 以上。这两方面的指标都显示，本书模型具有很好的内在结构拟合度。

综合以上三个方面的评价指标来看，结构方程模型具有非常理想的拟合度，可以利用它的结果对研究假设进行验证。

3.3.4 研究假设的验证

研究假设的验证情况如表 3-9 所示。可以看出，这 6 个假设中只有 H_2、H_5 和 H_6 3 个假设得到了支持。根据验证结论，对模型进行修正，将不显著的路径删除，修正后的模型如图 3-3 所示。

表 3-9　研究假设的验证

假　设	标准化的参数估计值	T 值	验证结果
H_1：渠道结构对渠道绩效有正向的显著影响	$\gamma_{31} = 0.76$	1.48	否定
H_2：渠道结构对渠道协同有正向的显著影响	$\gamma_{11} = 0.94$	9.92***	支持
H_3：渠道协同对渠道绩效有正向的显著影响	$\beta_{31} = -0.69$	-1.08	否定
H_4：渠道结构对渠道职能有正向的显著影响	$\gamma_{21} = -0.30$	-0.62	否定
H_5：渠道职能对渠道绩效有正向的显著影响	$\beta_{32} = 0.73$	2.87***	支持
H_6：渠道协同对渠道职能有正向的显著影响	$\beta_{21} = 1.07$	2.17**	支持

** 表示 $P < 0.05$　***；表示 $P < 0.01$

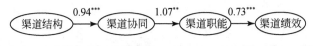

图 3-3　修正后的模型及构面间关系

从图 3-3 可以看出，修正模型中各个研究变量之间的关系形成一条前后相连的关系链条，跨越中介变量的所有直接联系都不存在。为了更清楚地了解这些变量之间的全面关系，我们将各个研究变量之间的直接效应、间接效应和总效应整理成表 3-10。表中每一个方格中第一排为直接效应（即模型中的路径系数），第二排为间接效应，第三排括号内的数字为总效应（直接效应加间接效应）。例如，渠道结构对渠道绩效的直接效应为 0，通过渠道协同和渠道职能的间接效应为 $\gamma_{11} \times \beta_{21} \times \beta_{32} = 0.734$，则总效应为 0.734。各个研究变量之间的效应关系分析如下：

渠道结构也只与渠道协同一个变量有直接效应，其值为 0.94，与渠道职能和渠道绩效只存在间接效应，其值为 1.01 和 0.734。这样，渠道结构与这些变量的总效应就分别为 0.94、1.01 和 0.734。可以看出，渠道结构只对渠道协同形成积极的直接影响，而对渠道职能和渠道绩效都不能产生直接影响，其影响是由中介变量而产生的间接影响。

渠道协同与渠道职能之间仅存在直接效应，其值为 1.07，渠道职能与渠道绩效间的直接效应为 0.73，而渠道协同与渠道绩效之间则只有通过渠道职能而产生的间接效应（表 3-10）。这说明渠道协同对企业渠道职能的履行效力具有非常重要的积极影响，并借之影响到渠道绩效水平。

表 3-10   各研究变量之间的直接效应、间接效应和总效应

外生变量	内生变量		
	渠道协同	渠道职能	渠道绩效
渠道结构	0.94^a 0^b $(0.94)^c$	0 1.01 (1.01)	0 0.734 (0.734)
渠道协同	—	1.07 0 (1.07)	0 0.781 (0.781)
渠道职能	—	—	0.73 0 (0.73)

a 表示各个研究变量之间的直接效应；b 表示各个研究变量之间间接效应；c 表示各个研究变量之间总效应（直接效应＋间接效应）

3.4   研究结论与管理意义

3.4.1   研究结论

　　研究发现，渠道结构对渠道绩效无直接影响，必须通过渠道协同和渠道职能才会对渠道绩效形成间接正向影响。该结论初步揭示出渠道结构与渠道绩效之间的作用机制：通过设计和选择渠道结构，渠道成员间的数量和密度等即被确定，农产品经过哪些环节和路径到达消费者手中也一并被确定，而通过配合和协调将促进渠道成员以较低的渠道间交易费用水平实现渠道职能的履行进而实现效用和价值创造，最终渠道成员在满足消费者需求的同时也借助于渠道利益共享机制获得了其所创造效用的回报，农产品渠道成员各自实现了其目标。

　　这一作用机制说明，如果一个企业要通过实施渠道结构来提高其渠道绩效，则必须通过渠道协同和渠道职能的执行才能达到其目的。也就是说，渠道协同和渠道职能是渠道结构实施的关键和必要环节，对渠道结构的最终确立起到了决定性作用。否则，现有的渠道结构将难以被稳定下来。

　　研究同时发现，渠道协同和渠道职能这两个中介变量与渠道绩效的关系也是单一的，渠道协同对渠道绩效无直接影响，必须通过渠道职能才会对渠道绩效

形成间接影响。换言之，渠道职能是渠道协同与渠道绩效之间的完全中介变量。这说明，渠道协同是渠道职能的前因，是渠道职能的原动力，没有渠道成员关于职能履行的约定，有的渠道成员会过多承担渠道职能，即会出现渠道职能的迁移和流转，直到渠道成员间重新达成协议或者协调一致。由此看来，渠道成员的协同有助于化解农产品在销售过程中的渠道冲突和渠道利益分配不均等问题。

由于渠道协同和渠道职能的完全中介效应，使得所有跨越中介变量的路径都不显著，这是一个非常重要的发现，其是否具有普适性，还需更多的实证检验。

3.4.2 管理意义

研究所揭示出的"渠道结构—渠道协同—渠道职能—渠道绩效"连锁关系，对于营销实践具有重要的意义。

（1）选择合适的渠道结构能提高渠道绩效

渠道结构与渠道绩效之间存在正向的间接影响。这说明，农产品生产企业、批发商及零售商等渠道成员可以通过设计、选择和调整渠道结构来提高其渠道绩效，也就是说，对于处于转型经济中的农产品营销渠道组织来说，建构理想的渠道结构应该是其提高渠道绩效的关键。

（2）渠道协同和渠道职能是渠道结构成功实施的关键环节

渠道结构对渠道绩效无直接影响，必须通过渠道协同和渠道职能才会对渠道绩效产生间接的正向影响。这是本书的一个极为重要的结论，它说明，渠道协同和渠道职能是渠道结构实施过程中的关键环节。一个企业在实施渠道结构时，必须重视渠道协同，通过采取协调一致的方案和协作配合来共同创造消费者所需要的价值和效用，而且面对变化中的消费者需求也能通过渠道成员的信息传递及时调整渠道服务产出以更好地适应消费者。忽视渠道协同和渠道职能两者中的任何一个环节，都不能实现其提升渠道绩效的目的。因此，单有理想的渠道结构而缺乏渠道成员间的配合和对渠道职能的合理安排，农产品营销渠道组织的绩效目标将难以实现。

（3）渠道结构、渠道职能、渠道协同的良性互动会形成一种渠道竞争力

渠道成员为了提高整条营销渠道的服务质量，从而为消费者创造更有价值的服务，营销渠道中的各成员组织打破原有的组织边界和渠道结构，在多层面的基础上实施渠道协同、相互协作，共同响应消费者的效用需求，并共同分享渠道利益，其结果是形成了一种渠道竞争力。

3.5 研究局限及未来研究方向

本书在理论推导和实证研究上虽力求符合科学的原则，但由于多方面的原因，使得研究有一定的局限，这些局限主要表现在以下三个方面。

（1）度量上的局限

研究采用问卷调查法，由营销副总或其他经理根据其主观认知来填答问卷，其回答可能会出现偏差；另外，问卷包含渠道结构、渠道协同、渠道职能和渠道绩效等内容，由一位营销副总或其他经理单独作答，其回答不一定能反映企业的真实情况。如果采用多对象（multiple informants）问卷调查法进行调查，问卷质量将会更高，研究结论也将更为科学。

（2）横断面数据的局限

研究变量大多属于类似态度倾向的测量，具有很大的惯性，要通过一定时间才会对绩效产生影响，它们之间的因果关系应采用纵向的时序数据来进行实证验证。但由于诸多条件限制，本书采用的是横断设计，将横断面数据作为实证数据，并没有采集纵向数据，因此，在因果关系的推断上需谨慎，以尽量避免出现逻辑问题。

（3）研究模型的局限

研究模型只考虑了渠道协同和渠道职能两个中介变量的中介效应，没有考虑竞争环境等调节变量的调节效应，而这些调节变量可能会使得各变量间关系发生变化，在模型中加入调节变量有助于进一步揭示渠道结构与渠道绩效间的作用机制。

（4）调查对象范围的局限

调查对象仅选择了农产品营销渠道组织，由于农产品具有不同于一般产品的特殊性，结论推广到一般产品或者服务的分销机构时应慎重。以上这些不足将是今后研究的主要方向。

3.6 本章小结

本章主要对农产品营销渠道绩效及其影响因素间的关系进行了实证检验，揭示出渠道结构与渠道绩效之间的作用机制，即农产品营销渠道结构是影响渠道绩效的关键因素，渠道结构通过渠道协同和渠道职能对渠道绩效产生间接的正向影响。它说明渠道协同和渠道职能是渠道结构实施过程中的关键环节，忽视渠道协同和渠道职能两者中的任何一个环节，都不能实现其提升渠道绩效的目的。单有理想的渠道结构而缺乏渠道成员间的配合和对渠道职能的合理安排，农产品营销渠道组织的绩效目标将难以实现。这也为渠道一体化提供了一个理论解释。

另外，本章中对农产品营销渠道绩效及其影响因素的实证分析，也为后面构建农产品营销渠道绩效评价指标体系提供了一个依据，使指标的选择更为科学，一定程度上克服和弥补了指标评价方法的主观性缺陷。

渠道绩效在过去的 20 年间（1999～2011 年）呈现何种变化，不同学者从不同视角对这一问题进行持续探讨，但农产品流通领域内的相关研究尚不多见。本书试图了解在农产品营销过程中渠道的绩效受到哪些因素影响，经济发展、政府政策等外部环境因素的变化会对渠道绩效带来何种影响。

为便于理解和分析，结合前面文献回顾中关于渠道绩效的看法，本书中将渠道绩效定义为渠道服务产出（channel service output），即农产品从生产者转移到消费者手中的整个流通环节，由渠道成员通过履行渠道职能所创造的价值增值和效用增加。比如通过农产品加工获得形式效用，一个典型的例子就是畜禽的屠宰分割；通过农产品的流转获得地点效用，使得消费者在家门口购买全国各地的农产品成为可能。本书在建立渠道绩效测度指标的基础上，借助计量模型对我国农产品营销渠道绩效的变化规律和影响因素进行研究。

通过前面的文献回顾和渠道绩效的四因素模型分析可以看出：尽管渠道长度不能等同于渠道绩效，但一般学者认为：渠道长度与环节能够在一定程度上反映渠道绩效水平；另一方面，在农产品营销实践和数据统计的现实中也没有关于渠道绩效的直接统计数据，而渠道长度却可以通过批发销售量占总生产销售量的比率来测量[①]。因此，本书尝试通过渠道长度这一变量来间接测度渠道绩效水平。

4.1　研　究　模　型

4.1.1　变量选择

Paul 和 Seok-Woo（2002）提出了一个简单化的渠道绩效函数模型。他们认

[①]　国外研究销售渠道的学者采用全社会批发销售和全社会生产制造商销售的比率作为测量一个国家渠道长度的标准，这个指标反映了商品流通需要经过的渠道中介的程度。国内也有学者做过类似研究，比如重庆大学卢向虎等采取的指标是"每百万批零售销售额平均需要的销售网点或销售机构数"（卢向虎和凌翼，2004）。

为渠道绩效（performance，P）是经济环境（economy environment，E）、消费水平（consumption level，L）、政府政策（government policy，P）和组织行为（organization behavior，B）的函数，即 $P = f(E, L, P, B)$；而绩效本身则是营业额（turnover，T）、利润率（profitability，P）、满意度（satisfaction，S）和渠道关系质量（relationships，R）等一系列指标的集合，即 $P \in \{t, p, \cdots, s\}$。他认为：首先，渠道所处的外部经济、文化和市场等环境影响了渠道结构的形成、政策的制定和渠道成员间的相互行为；其次，它和结构、政策、行为一起影响着渠道的绩效；再次，对渠道绩效的考核是由一系列主观的和客观的指标构成，包括销售额和满意度等。因此，不同的行业其渠道的环境不一样，最后将导致其绩效的差异以及绩效测量指标的差异。

渠道环境始终作为一个默认的绩效影响因素，很少进入学者们的实证研究中。环境的不确定性和复杂性使得环境这个变量难以捉摸和测量；然而这往往导致渠道中的机会主义，进而影响渠道成员间的行为和绩效。因此，将渠道环境纳入渠道绩效实证研究的范畴是十分必要的。

如图 4-1 所示，我们的研究模型把渠道绩效设定为三组变量的函数：经济发展、环境和消费。

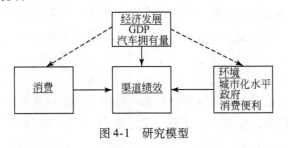

图 4-1　研究模型

4.1.1.1　经济发展

人们认为，渠道绩效伴随经济发展而不断发生变化。零售和批发机构的壮大能够带来整个国家的进步。经济发展持续下去时，渠道通常变得更复杂。因此，经济发展和渠道绩效的复杂性之间存在一种直接的关系。

1) 经济发展带来人们购买力的增强，对产品和服务的需求更旺盛，在便利性、速度、渠道效用和价值等方面的要求越来越高。这些会推动渠道组织提高渠道效率以适应消费者的需求，而显然，高绩效的渠道形态更能取胜。

2) 渠道绩效的演进趋势可以由下面两个事实加以解释：①经济越是发展，市场越是趋向服务导向，对渠道服务产出的要求将提高；②不断加强的城市化激发了渠道的垂直一体化建设，从而提高渠道效率。

先前的讨论指出，经济发展水平显著地影响流通渠道效率。中国的市场报告和案例研究也支持这种观点。在人均国民生产总值和渠道效率之间，假定了一个"U"形的函数。因此，得到假设1：

H_1：经济增长与渠道绩效正相关。

另外，一些经济发展的指标，如私人轿车拥有量，可能也与渠道绩效有关系。拥有轿车使得消费者能够到更远的商店去购物，能够方便地到达位于购物中心的大商场，使得竞争者的范围更广。如果便利性增加，顾客能更好地对他们想购买的商品货比三家，仔细挑选渠道成员，而不能提供消费者便利的渠道组织将被淘汰，这种优选结果使得整体的渠道组织绩效水平得以提高。因此，得到假设2：

H_2：交通便利性与渠道绩效正相关。

4.1.1.2 环境

（1）城市化水平

城市化步伐加快是当代经济地理最重要的特征之一，尤其是在发达地区，城市化进程使得人口向大城市集中，从而扩大了原有市场的规模，造就了小城市所不具有的流通体系的挑战和机遇。小城镇能够从周围地区取得直接供给，而大都市则需要大量来自更远距离的大型生产者。大都市赋予了生产者和中间商取得规模经济的机会，高度的都市集中化体现了生产商和中间商相互管制的优势。大的中间商不再一味依赖于小的供应商，为了保持供应连续性，他们更喜欢与大型生产商直接联系。

总之，城市化进程为市场的存在为批发商、零售商等渠道成员提供了足够的发展和竞争空间，将激发大规模中间层级的增长，并缩短渠道长度，降低交易成本，提高渠道效率。从而有下面的假设3：

H_3：城市化加剧，渠道绩效正相关。

（2）政府的作用

一些营销学者研究了政府经济角色和不同国家之间相关流通政策因素的影响。他们的结论是，政府在营销中的角色应该是规范化、便利性和法人管理。政府的规范化角色意味着建立并维护有序的经济活动框架；而便利性角色则要求政府投入更多的基础工程建设并支持营销活动。法人化管理角色则要求政府积极投资并且运作商务计划。因此，认识到政府及其经济政策的目标是极其重要的，因为这对谈判和交易行为有着深远的影响。政策的实行有助于推动市场良好竞争秩序的形成，同时政府的作用还体现在对市场失灵的调节，比如市场上的不正当竞争行为。上述讨论得到下面的假设：

H_4：政府政策方面的变化将影响渠道绩效。

（3）消费者出行

消费者出行的概念是由戈德曼发展起来的，它被用来反映"突破传统领地和活动的消费者能力和意愿"（Goldman，1974）。现代零售制度的诱惑，例如，超级市场和折扣商店，可能还不足以激发消费者改变他们的购物习惯，消费者可能缺乏到达更远地方购物的便利性。因此假设：

H_5：消费者出行增加，渠道绩效将降低。

4.2.1.3 消费

伴随着消费水平的提高，人们花费在食品（包括农产品）上的费用提高而不是降低，只不过其在整个支出中的比重（恩格尔系数）可能会降低。同时消费层次的提高，使得消费者对渠道服务产出的要求随之提高，即要求借由流通过程获得更多的效用，比如对便利性的要求。这导致下列假设：

H_6：便利性消费需求的增加，使得渠道效率提高。

4.2.2 变量测度

从宏观角度，有关渠道绩效的直接测量是不太可行的。相反，替代的测度方法则是可用的（Sharma and Dominguez，1992）。在本书的研究中，我们使用了基于批发销售量占总生产销售量的比率这一扩展指标，从而绕过中间层级的测度障碍。批发销售量/总生产销售量这一比率的增加能表明渠道长度变长，渠道环节增加，渠道效率降低。反之，则表明渠道效率提高。

4.2.3 模型说明

通过使用 1987～2008 年的农产品批发销售量、农产品总生产销售量等时间序列和截面的数据，本书的假设可以用两种方式加以检测。第一，使用时间序列数据，我们可以用线性回归检验探索性变量对渠道长度的影响。第二，使用交叉数据资料，我们可以检验每个变量对渠道长度的贡献。在中国这样的大国家中，地区经济差别是极显著的。改革政策下不同地区的经济发展程度差异较大。2006年、2007 年 和 2008 年的交叉数据可用来比较发达地区和欠发达地区的差异。

普通最小二乘法可用于多元回归分析和相关分析。线性回归函数如下所示：

$$Clt = \beta_0 + \beta_1 GNP/n + \beta_2 Ur + \beta_3 Ct + \beta_4 Gt + \beta_5 COt + \beta_6 Pat + \nu t$$
$$(t = 1986,1981,1982,\cdots,2006)$$

式中，①Clt 为因变量 t 期抽样值或观测值；Clt 为渠道长度（批发商销售量/

厂商总销售量）②GNP/n，Ur，C，G，CO，Pa 表示上文所述变量的 t 期抽样值或观测值。③GNP/n 是人均国民生产总值；Ur 是都市化率；Pa 是私人轿车拥有量；CO 是消费者出行；C 是食物、衣服和服务的消费量，同每人消费支出一样加以测度；G 代表政府；vt 表示残差项。

4.1.2 数据

我们首先验证经济发展和渠道长度之间的关系的假设，使用了广州市1987 年到 2006 年的时间数据和全国分省 2006 年、2007 年和 2008 年的截面序列数据。表 4-1、表 4-2、表 4-3 和表 4-4 包含截面数据，而图 4-2、图 4-3 和图 4-4 显示了回归分析的结果。

表 4-1　农业产值、农产品批发销售额、人均 GDP（2006）

地　区	农产品生产总额 /百万元	批发总额 /百万元	农产品批发销售量/ 总生产销售量	人均 GDP /元
全国	—	22 055.81	—	6 534
贵州	551.73	209.24	0.379 2	2 475
甘肃	518.89	167.38	0.322 6	3 668
陕西	754.77	295.91	0.392 1	4 101
广西	1 133.74	268.94	0.237 2	4 148
四川	2 234.55	599.93	0.268 5	4 452
云南	1 092.18	991.4	0.907 7	4 452
宁夏	128.71	34.93	0.271 4	4 473
江西	1 077.52	248.19	0.230 3	4 661
青海	110.5	31.42	0.284 3	4 662
安徽	1 877.12	491.04	0.261 6	4 707
陕西	810.58	203.61	0.251 2	4 727
重庆	776.67	238.13	0.306 6	4 826
河南	2 911.98	759.73	0.260 9	4 894
湖北	1 874.81	477.6	0.254 7	5 105
内蒙古	771.24	129.13	0.167 4	5 350
吉林	975.82	192	0.196 8	6 341
海南	235.85	52.46	0.222 4	6 383
新疆	586.44	394.82	0.673 2	6 470
湖北	2 346.45	578.68	0.246 6	6 514

地　区	农产品生产总额 /百万元	批发总额 /百万元	农产品批发销售量/ 总生产销售量	人均GDP /元
河北	2 756.18	629.28	0.228 3	6 932
黑龙江	1 777.08	354.57	0.199 5	7 660
山东	4 472.77	1 341.04	0.299 8	8 673
辽宁	2 316.51	1 116.32	0.481 9	10 086
江苏	4 391.5	2 029.63	0.462 2	10 665
福建	1 897.81	956.88	0.504 2	10 797
广东	4 727.18	2 518.74	0.532 8	11 728
浙江	3 261.94	2 266.69	0.694 9	12 037
天津	711.22	600.29	0.844 0	15 976
北京	736.82	1 783.86	2.421 0	19 846
上海	1 838.68	2 090.78	1.137 1	30 805

资料来源：根据中国统计年鉴、中国农业统计年鉴、中国经济统计年鉴等各年份年鉴和国家统计局经济年报相关统计资料整理汇总而来，以下表皆同

表4-2　2007年农业产值、农产品批发销售额、人均GDP

地　区	农产品生产总额 /百万元	批发总额 /百万元	农产品批发销售量/ 总生产销售量	人均GDP /元
全国	—	—	—	—
贵州	585.72	225.75	0.385 4	2 662
甘肃	521.77	309.61	0.593 4	3 838
陕西	828.7	329.53	0.397 6	4 549
广西	1 158.53	307.13	0.265 1	4 319
四川	2 339.42	682.77	0.291 9	4 784
云南	1 133.95	1 074.02	0.947 1	4 637
宁夏	138.95	36.15	0.260 2	4 839
江西	1 024.92	248.19	0.242 2	4 851
青海	119.08	33.29	0.279 6	5 087
安徽	1 832.6	556.72	0.303 8	4 867
陕西	886.25	261.82	0.295 4	5 137
重庆	810.48	292.18	0.360 5	5 157
河南	3 240.52	864.7	0.266 8	5 444
湖北	2 015.63	519.43	0.257 7	5 639

地 区	农产品生产总额 /百万元	批发总额 /百万元	农产品批发销售量/ 总生产销售量	人均GDP /元
内蒙古	806.01	152.3	0.189 0	5 872
吉林	1 054.41	223.77	0.212 2	6 847
海南	262.32	75.67	0.288 5	6 894
新疆	710.26	405.27	0.570 6	7 470
湖北	2 565.58	830.79	0.323 8	7 188
河北	3 071.28	671.86	0.218 8	7 663
黑龙江	2 021.35	404.52	0.200 1	8 562
山东	5 005.95	1 529.18	0.305 5	9 555
辽宁	2 618.33	1 378.12	0.526 3	11 226
江苏	4 879.69	2 381.84	0.488 1	11 773
福建	2 110.64	1 051.51	0.498 2	11 601
广东	5 295.09	3 068.5	0.579 5	12 885
浙江	3 547.53	2 694.4	0.759 5	13 461
天津	820.82	906.79	1.104 7	17 993
北京	835.29	2 308.52	2.763 7	22 460
上海	2 039.86	2 124.41	1.041 4	34 547

表 4-3　2008 年农业产值、农产品批发销售额、人均 GDP

地 区	农产品生产总额 /百万元	批发总额 /百万元	农产品批发销售量/ 总生产销售量	人均GDP /元
全国	—	—	—	
贵州	609.17	231.09	0.379 4	2 895
甘肃	563.56	302.51	0.536 8	4 163
陕西	893.36	277.47	0.310 6	5 024
广西	1 210.71	314.82	0.260 0	4 668
四川	2 389.49	641.34	0.268 4	5 250
云南	1 174.52	1 065.79	0.907 4	4 866
宁夏	151.8	46.32	0.305 1	5 340
江西	1 101.55	348.1	0.316 0	5 221
青海	131.99	35.94	0.272 3	5 735
安徽	1 941.69	552	0.284 3	5 221

地 区	农产品生产总额/百万元	批发总额/百万元	农产品批发销售量/总生产销售量	人均 GDP/元
陕西	950.87	283.91	0.298 6	5 460
重庆	869.61	342.7	0.394 1	5 654
河南	3 514.23	771.76	0.219 6	5 924
湖北	2 135.23	620.87	0.290 8	6 054
内蒙古	865.58	148.98	0.172 1	6 463
吉林	1 133.83	233.17	0.205 6	7 640
海南	273.38	81	0.296 3	7 135
新疆	738.12	414.95	0.562 2	7 913
湖北	2 758.64	812.85	0.294 7	7 813
河北	3 353.46	709.44	0.211 6	8 362
黑龙江	2 177.09	399.1	0.183 3	9 349
山东	5 451.69	1 605.76	0.294 5	10 465
辽宁	2 734.56	1 494.27	0.546 4	12 041
江苏	5 353.33	2 240.31	0.418 5	12 922
福建	2 296.45	1 032.89	0.449 8	12 362
广东	5 736.76	3 653.47	0.6 369	13 730
浙江	3 801.44	2 909.36	0.765 3	14 655
天津	899.73	1 408.13	1.565 1	20 154
北京	909.32	2 350.47	2.584 9	25 523
上海	2 206.69	3 035.13	1.375 4	37 382

第 4 章　农产品营销渠道绩效影响因素分析

89

表 4-4　广州市农产品批发销售/农产品生产者销售比率的时间序列数据

年 份	人均 GDP 指数以1986 年为 100	农产品生产总额/百万元	农产品批发总额/百万元	农产品批发销售量与总生产销售量比
1987	1 160.00	3 577.75	2 557.75	0.714 9
1988	1 228.52	3 979.66	2 987.97	0.750 8
1989	1 343.61	4 500.1	2 739.00	0.608 7
1990	1 438.94	4 945.07	2 765.31	0.559 2
1991	1 690.00	5 573.74	3 236.62	0.580 7
1992	1 943.32	6 974.97	5 438.81	0.779 8
1993	2 019.67	7 405.9	4 623.63	0.624 3

年 份	人均 GDP 指数以 1986 年为 100	农产品生产总额 /百万元	农产品批发总额 /百万元	农产品批发销售量与 总生产销售量比
1994	2 294.94	8 497.97	5 366.23	0.631 5
1995	2 633.79	11 998.5	6 827.13	0.569 0
1996	2 633.52	13 370.51	12 490.00	0.934 1
1997	2 821.51	14 382.66	10 941.57	0.760 7
1998	3 271.37	18 647.04	24 240.86	1.300 0
1999	4 038.64	24 764.95	29 066.59	1.173 7
2000	5 085.39	35 312.64	49 458.38	1.400 6
2001	5 397.80	44 896.27	124 827.00	2.780 3
2002	5 879.60	56 940.04	134 110.74	2.355 3
2003	6 347.65	66 261.96	132 899.74	2.005 7
2004	7 067.14	75 191.23	146 150.58	1.943 7
2005	8 007.46	80 315.98	160 167.23	1.994 2
2006	8 322.32	86 533.34	180 167.23	2.082 0

为了检测上文提出的方法，上述区域 2004 年渠道长度对 GDP/n 的函数如下：

$$YCL = -0.090 + 8.214GDP - 2.827GDP_{t-1}$$
$$(T = -0.047)(T = 2.3)$$

$R = 0.889 \quad R^2 = 0.790 \quad \text{Adjusted } R = 0.552$

$F = 15.263 \quad \text{significant } F = 0.0001$

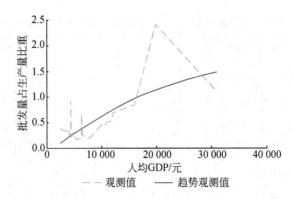

图 4-2　2004 年农产品批发销售量占总生产量比重

2007 年的检验结果如下：

$$YCL = -0.128 + 8.942GDP - 1.226GDP_{t-1}$$

$$(T = -0.603)\quad(T = 2.559)$$

$$R = 0.866 \qquad R^2 = 0.750 \quad \text{Adjusted } R = 0.522$$

$$F = 17.33 \qquad \text{significant } F = 0.0001$$

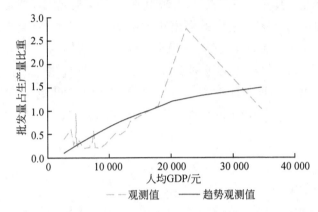

图 4-3　2005 年农产品批发销售量占总生产量比重

2007 年的检验结果如下：

$$YCL = -0.113 + 7.574GDP - 6.722GDP_{t-1}$$

$$(T = -0.592)\quad(T = 2.593)$$

$$R = 0.865 \qquad R^2 = 0.748 \quad \text{Adjusted } R = 0.612$$

$$F = 20.03 \qquad \text{significant } F = 0.0001$$

4.2　数　据　分　析

根据假设 1，当经济发展，渠道效率降低，然后在发展的某个阶段又会提高。在最不发达的地区，可以发现渠道效率低下；发展中地区则有一个降低的过程，而且最后在最发达地区里又会提高。另外，当经济发展增加，二次曲线表明经济增长时渠道效率降低，这支持假设 1。

（1）中国东西部经济发展差距

中国西部内陆和东部沿海地区之间的经济发展是不平衡的。在同样的时点上，一些西部地区要落后于发达城市 10 年以上。例如，贵州在 2008 年的 GDP/n 是 4475 元，与 1987 年的 GDP/n 达 4568 元的上海市差不多。而上海市在 2008 年的 GDP/n 是位于西部内陆地区的贵州的 13 倍。

据国家统计局发布的相关经济统计年报，在2008年，20个发展中地区的GDP/n都要低于广州市1993年的GDP/n，这表明中国65%的地区（20个发展中地区/31个行政区）落后于广州市（最发达的城市之一）超过13年。

大多数不发达地区，如贵州、甘肃、陕西等，都位于中国西部内陆地区，其GDP/n值在2006~2008年大多为4000~8000元。这些地区市场化改革比东部沿海地区要晚。其他经济因素，如基础设施、商业环境和消费水平，也比中国东部沿海地区低得多。它们的渠道长度指数（批发销售/生产者销售的比率）都位于曲线的下半部分，在0.19到0.39左右（图4-4）。在其他方面，包括上海、北京、天津等城市的东部沿海岸地区，2008年的人均国内生产总值已超过25 000元，渠道长度指数（批发销售/生产者销售的比率）为0.48~2.42。因此，更高的GDP/n将导致更长的渠道长度（批发销售/生产者销售的比率）。

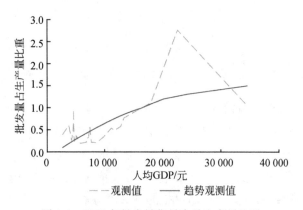

图4-4　2007年批发销售量占总生产量比重

（2）广州市渠道长度（农产品批发销售/生产者销售的比率）的时间序列数据

下面的时间序列分析使用二次回归函数，表明GDP/n为横轴的渠道长度函数呈现倒置的U形结构。

$$YCL = 0.105\ GDP - 2.198 GDP_{t-1}$$

$$(T = 2.432)\ (T = -0.988)$$

$$R = 0.911\quad R^2 = 0.829\quad Adjusted\ R\ square = 0.771$$

$$F = 29.44\quad significant\ F = 0.001$$

综上所述，在2006年、2007年和2008年中国的截面数据分析以及广州市的时序数据分析中，发现渠道长度是一个二次函数的U形结构。当时期上的人均国内生产总值增加时，渠道长度函数变成一个类似倒置的U形结构。

因此，假设1成立。

（3）渠道绩效作为环境和消费变量的函数

根据前面的分析可以看出，2006年和2008年交通便利性、城市化和消费是渠道长度的显著指示器；而城市化和消费在2007年有显著性预测。不过，交通便利性系数的作用是确定的，这表明当便利性增加时，渠道长度变长，渠道效率降低。这个结果否定了假设5。虽然便利性已经增加，但是大多数中国人仍然依赖于公共交通而且只在家附近进行传统的购物活动。因此，与西方不同，像中国这样增加交通的便利性并不导致渠道的缩短和渠道效率的提高。

城市化加剧则渠道效率降低，该结论否定假设2。中国整体的城市化水平仍然比较低（1987年为21%，2008年为50%），因为这时的城市化策略把中小城镇城市化。当中小城市发展时，更多的零售机构和物流公司会进入贸易部门，而且它们大多数规模都比较小。

另外，消费系数的作用是确定的，这意味着当消费增加时，渠道会变长。如假设的那样，当经济发展时，消费品和服务的消费增加。而需求增加，应该同大量的零售销路有关，选购物品（例如食品，衣服和服务）就是这样的例子，更多的商店和零售销路会出现，而且更多的零售公司和批发公司会进入贸易部门。这样会拉长渠道，因此，假设成立。

广州市的时间序列数据分析证实了政府政策影响渠道长度。这表明当政府政策更透明并促进市场改革时，渠道将变短。从而证实假设3。

（4）消费者出行

消费者出行在代表性的地区和城市被测度为消费者平均每周购物旅行的数量——购物活动的频率。为了得出消费者在不同地区的出行频率，我们使用下列公式：

$$P = \sum P_i / N$$

式中，N 代表总数，P 代表在该地区平均消费出行频率，P_i 表示家庭消费出行频率。因此，我们得到如下的不同区域的平均家庭消费频率：

西部地区：$P = 2.56$

中部地区：$P = 2.13$

东部地区：$P = 1.56$

采集的数据包括发达地区的代表性城市和地区如北京、上海、天津、江苏、浙江和福建；湖北、辽宁、吉林、黑龙江、安徽、江西和山东的数据资料代表半发达地区；山西、内蒙古、重庆、四川、贵州和云南的数据资料代表发展中地区。我们在超级市场、街道和公寓大楼的入口发放调查表。虽然调查集中于消费者出行的调查，但同时也包括了消费者收入、居民住宅同商场的距离、消费习惯、消费者造访超市和购物中心的频率，并记录了消费者是如何到达购物点的。我们大约在每座城市发放了100张调查表，总共收回810份调查表，有效调查表为725份。分地区各绩效长度数据，如图4-5所示。

表4-5　分地区各绩效长度数据

地　　区	渠道绩效/渠道长度	人均GDP/元	私人汽车拥有量/辆	城市化水平	消费者到达/每周平均消费次数	农产品消费/元
北京	2.757 025	28 449.00	72.880	77.54	1.2	4 335.96
天津	1.223 833	22 380.00	20.340	71.99	1.3	3 190.32
河北	0.186 498	9 115.00	53.090	26.08	2	2 372.76
山西	0.294 198	6 146.00	17.870	34.91	2.2	2 188.32
内蒙古	0.169 675	7 241.00	13.130	42.68	2.0	2 206.92
辽宁	0.552 357	12 986.00	21.860	54.24	1.8	2 720.28
吉林	0.238 721	8 334.00	13.200	49.68	2.0	2 436.96
黑龙江	0.180 539	10 184.00	17.040	51.54	2.0	2 195.40
上海	1.768 939	40 646.00	14.360	88.31	1.1	4 733.04
江苏	0.407 012	14 391.00	28.770	41.49	1.7	3 076.36
浙江	0.776 872	16 838.00	30.920	48.67	1.6	4 218.36
安徽	0.310 460	5 817.00	11.890	27.81	2.2	2 603.16
福建	0.454 762	13 497.00	11.650	41.57	1.8	3 408.72
江西	0.299 245	5 829.00	4.530	27.67	2.3	2 291.52
山东	0.311 437	11 645.00	42.550	38.00	2.0	2 679.36
重庆	0.477 275	6 347.00	5.820	33.09	2.2	3 038.56
四川	0.256 163	5 766.00	35.560	26.69	2.4	2 662.80
贵州	0.384 779	3 153.00	5.020	23.87	2.5	2 272.44
云南	0.686 041	5 179.00	18.920	23.36	2.4	2 962.92

（5）回归

回归分析结果，如表4-6所示。方差分析表，如表4-7。

表4-6　回归分析结果

Model	R	R Square	Adjusted R Square	Std. Error of the Estimate	Durbin-W atson
1	0.911	0.830	0.765	0.317	
2	0.911	0.830	0.781	0.306	1.704

表4-7　方差分析表

	Model	Sum of Squares	df	Mean Square	F	Sig.
1	Regression	6.387	5	1.277	12.692	0.000
	Residual	1.308	13	0.101		
	Total	7.695	18			
2	Regression	6.385	4	1.596	17.063	0.000
	Residual	1.310	14	0.094		
	Total	7.695	18			

注：channel length = wholesale sale/producers sale

　　排除了 GDP/n 指标，模型 2 表明，消费量是渠道长度函数的重要指标。因此，假设 6 也成立。

4.3　结　　论

　　渠道绩效截面分析的结果接受 3 个假设：经济发展（假设 1）；政府（假设 3）和消费（假设 6）。而假设 2（城市化）、假设 4（消费者出行）和假设 5（便利性）则被否定。

　　显然，要对渠道长度产生影响，中国消费者的便利性还没达到足够水平。与此类似，中国整体城市化仍然处于较低的水平。作为探索性变量的消费者出行假设被否定，可能也属于同样的问题。

　　另外，城市化、消费者出行、便利性等 3 个假设被否定，还可以运用不同数据作进一步研究调查。比如，如果可以得到全国范围的时间序列数据，那么或许可以观察不同时期内随着城市化水平提高和消费者出行的增加，渠道缩短的演进过程。

　　基本结论是：

　　1）渠道绩效与经济发展和政府政策等因素有关。经济发展水平提高，会推动渠道环节缩短，有助于提高渠道绩效以及服务产出水平。而消费水平的提高，有助于推动流通业的升级，促进渠道绩效的提高。

　　2）政府对农产品营销渠道体系的宏观管理，有助于促进渠道整体绩效的提高。政府通过加强农产品流通体系建设，规范市场秩序，有助于促进农产品高效畅快流转，实现农民增收，降低消费者食品支出，保护农民利益和提高消费者福利；加强对农产品质量安全的监管，构建安全的农产品消费环境，有助于提高消费者的安全效用等。这些措施有助于从整体上提高农产品营销渠道的效率、效益和公平性。

4.4 本章小结

　　本章主要对影响农产品营销渠道绩效的外部环境因素进行了计量分析。结论显示，在渠道绩效的外部变量中，经济发展、政府政策和消费是重要的影响因素。经济发展水平提高，会推动渠道环节缩短，有助于提高渠道绩效以及服务产出水平；政府对农产品营销渠道体系的宏观管理，有助于促进渠道整体绩效的提高；而消费水平的提高，有助于推动流通业的升级，促进渠道绩效的提高。

第 5 章
农产品营销渠道绩效分析与评价

5.1 我国农产品营销渠道透视

5.1.1 农产品营销渠道的基本特点

（1）农产品市场建设发展迅速

据统计，截至 2010 年年底，中国农产品批发市场已发展到 4612 个，总成交额 5529.5 亿元，平均每个市场年成交额 1.2 亿元。其中全国农产品成交额上亿元的农产品综合市场 820 个，农产品专业市场 355 个。近五年来，农产品市场数目基本稳定，交易额稳步上升，这主要是因为中国农产品交易市场在经历了十几年高速增长和规模扩张后，现正逐步实现从数量扩张向质量提升的转变，流通规模上台阶，市场硬件设施明显改善，商品档次日益提高，市场运行质量日趋看好。蔬菜与水果等主要农产品经过批发市场的比例已经超过 60%，在湖北、山东等农产品主产地更是超过了 80%，基本构成了一个覆盖城乡，连接产地和销区的农产品流通核心网络体系[1]。但是，从运行结果上看，中国的农产品批发市场功能并不完善，特别是公益功能缺位，制约着农产品批发市场调节农产品供求的作用（曾寅初，2003）。

（2）农产品批发市场成为农产品流通的主渠道

农产品批发市场覆盖了所有的大、中、小城市和农产品集中产区，基本形成了以城乡集贸市场、农产品批发市场为主导的农产品营销渠道体系，构筑了贯通全国城乡的农产品流通大动脉。目前大、中、小城市消费的生鲜农产品中 80%～90% 是通过批发市场提供的。农产品批发市场的大力发展，对于搞活农产品流通、增加农民收入、满足城镇居民农产品消费需求发挥着积极作用。

---

[1] 根据商务部《中国农村市场体系建设研究报告》表 2 数据计算整理。

（3）农产品超市脱颖而出，对城市集贸市场造成一定冲击

超市作为一种现代新型营销业态在近几年开始涉足农产品销售领域，成为农产品营销渠道体系里的新成员，与传统的集贸市场在零售终端展开了激烈竞争，其农产品的销售量和市场份额近两年来大幅度上升，发展势头迅猛，对原有农贸市场的经营业绩产生了极大的冲击，传统农贸市场的"唯我独尊"的销售地位正备受挤压。另外，上海、南京、广州、武汉等地政府也在大力推行"农改超"工程，打造高效安全的农产品营销网络，使之与城市经济社会发展水平相适应。

（4）农产品营销中介组织发展活跃

各种农产品购销主体如个体户、专业户、联合体不断发展壮大，依托这些活跃在城乡各地的农产品营销中介组织，使得一家一户的小规模生产和大市场实现了对接，改变了过去产销脱节的尴尬局面，有效地缓解了农产品卖难的问题。以湖北省为为例，随着农产品市场的活跃，相继出现了一大批农产品运销大户和农产品大王，如鲜鱼大王罗辉松、蔬菜大王兰贵娥、水果大王黄笠等，他们的出现带动了上游生产基地的发育壮大，带领农民走向市场，帮助农民致富，对地区农业发展起到了一定的积极作用。

5.1.2 农产品营销渠道的基本格局

随着20多年的改革开放和市场化进程的不断推进，中国农产品流通领域的市场化程度已经达到比较高的水平。当前，除了极少数涉及国计民生的重要农产品（如粮食等）外，蔬菜、水果、水产品、畜禽等94%的农副产品已经放开，价格由市场供求决定，市场在资源配置中的基础性作用已得到初步发挥，多元化的市场竞争格局已经形成。

当前，农产品市场的供需关系已经发生了重大变化，已从以短缺为主要特征的"卖方市场"转变为绝大多数农产品供大于求的"买方市场"，这种变化一方面推动了农产品渠道的变革，使得农产品渠道形式呈现出多元化的趋势；另一方面，也使得各层次的农产品营销渠道组织在推进农产品流通、解决农产品卖难问题、促进农民增收等过程中的作用得以凸显。事实证明：农产品营销渠道体系完善、运行畅顺，地区农业生产就能持续快速发展，农产品市场就能繁荣兴旺；反之，就会制约农业、农村发展，阻碍农户增收，抑制经济社会进步。

（1）城市农产品营销渠道格局

城市农产品的营销渠道体系已由过去单纯服务城市的供求型转变为服务城

市与致富农民并重的内供外销结合型。近年来，农产品运销中介组织得到大力发展，形成了多元化的营销渠道体系，具体如图 5-1 所示。

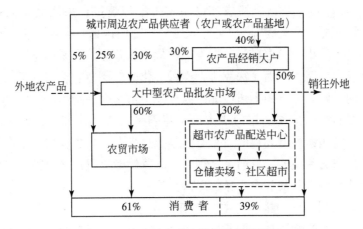

图 5-1 大中城市农产品营销渠道框架

注：图中数据根据访谈市场管理者及业主综合整理而来，大致表示农产品的来源及其流向比例

（2）农村农产品营销渠道格局

农村作为农产品生产基地，担负着城镇居民的农产品供应。目前由各个层次的产地批发市场、集贸市场所组成的农产品市场体系已成为农村地区农产品流通的主要载体。农村农产品营销渠道的结构虽然比较简单，但对于缓解农产品产销之间的季节性、区域性、风险性与消费需求的均衡性、多样性之间的矛盾，使一家一户的小规模生产与大市场相衔接发挥着重要作用。

5.1.3 农产品营销渠道的主要模式

中国现有农产品营销渠道是在计划经济体制下，由国家统购统销的流通体系经过诱导性制度变迁政策的引导逐步演变而成。在这一市场化改革变迁过程中，首先放开的是蔬菜、水果、禽蛋等农副产品，然后是肉类、水产品，最后是粮、油、棉等主要农产品。由于中国农产品流通市场化是随着中国改革开放逐步加快其进程，因此营销渠道建设在适应市场化要求上存在先天不足，其现状已明显满足不了发展我国农村商品经济的需要。另外，中国地域辽阔、农村地理条件不一，特别是各地生产力发展不均衡，经济发展状况不一，因此农产品营销渠道呈多样化形式并存。就目前中国农产品营销渠道现状来看，主要有下列三种典型形式。

（1）以农产品运销为主的营销渠道

该营销渠道的特征是：①农产品生产者选择便捷的运输方式（包括人力），主要经过县、乡镇一级农产品集贸市场与消费者采用面对面的交易方式，"一手交钱一手交货"。②交易双方一定范围内信息对称，但因营销渠道辐射面小、半径小，渠道成员难以准确把握市场整体的交易信息，无法实现充分调节供求的功能，因而无法克服人类社会化的广泛性需求与满足消费需求的手段之间的矛盾。③营销渠道虽无中间环节，市场交易费用低，但交易的效率低下，耗费的时间成本、精力成本高，特别是农产品季节性、鲜活性特点明显，低效率的营销渠道导致的后果必然是农户卖农产品难，来自于市场的不确定性给其带来的风险大。目前，这种农产品营销渠道留存在中国一些商品流通不发达的落后地区和某些农产品的局部交易中。

（2）以多层中间商销售为主的营销渠道

该营销渠道的特征是：①通过中间商的能力及时把农产品推向市场，完成农产品在流通领域中所有权的转移。②农产品营销渠道成员规模小、层次低、离散性强、联合性差、社会组织化程度低、区域性和信息不公开性造成极大的信息不对称，使生产者在缺乏信息或信息被扭曲的情况下盲目进行生产。③单个农产品生产者所提供的产品数量占总供给的比重微乎其微，并且由于农产品生产中同质的劳动力的投入很大，技术和营销上的投入十分有限，因此，农户在近似完全竞争的市场中，只能是市场价格的接受者。④中间商主要以农户产品贩卖为主，未经加工、包装的农产品从生产者种经众多中间环节到消费者，社会交易成本高，农产品价格被反复提高，再加上市场参与主体众多，成分复杂，易造成市场秩序混乱，欺行霸市、哄抬物价、短斤少两、掺假卖假等行为的出现，严重损害消费者利益。但这种农产品营销渠道是目前中国农产品流通的主要形式之一。以蔬菜流通为例，菜农（生产者）—产地中间商—市场批发商—市场中间商—零售商—消费者，经过了多个环节和多重中介主体，蔬菜在市场上的交换利润绝大部分被以追求利润为目的的贩卖大军所掠取，菜农往往获利微薄甚至还要承受蔬菜售不出去的风险，所以"种菜的不如卖菜的，卖菜的不如倒菜的"，严重挫伤了农民的生产积极性。

（3）以交易型渠道内部关系为主的营销渠道

该渠道的特征是：①渠道成员以加工企业、销售公司为主导地位。②渠道成员之间的关系完全是简单的交易关系。农户并没有分享到农产品加工增值的好处和流通环节的商业利润。这种营销渠道对各方都没有约束，完全靠市场调节，不可避免地给生产、加工、销售各方带来较大的风险。从农户来看，如果农产品丰收，就有可能价格下跌出现"卖难"。从加工企业来说，若农产品减产、歉收，则有可能要高价买进原料，甚至满足不了对其原料的需求。从销售公司来看，也会因市场的波动而影响其业务的正常进行。不仅如此，更会导致渠道成员利益的不协调和矛盾。因为渠道成员都是具有自身经济利益的主体，每个主体都极力追求自身利益的最大化，作为销售公司总想压低对加工企业产品的购买价，而加工企业又想方设法压低对农产品的收购价。这样，在各自利益的追逐下，农户由于分散、力薄和信息不对称以及农产品生产周期性、季节性特点所决定的供给刚性，处于被动的最不利的地位，最终受到不公平待遇，农户受到损害后，其生产积极性受挫，又会影响加工企业的原料供应和销售公司的运销。③由于加工企业数量少、规模小、资金投入不足，缺乏强有力的科技支持和保障，再加上为农服务少，因此从农户的产品生产依次到农副产品加工、储藏、保鲜、运输、销售等各环节科技含量低，结果导致生产技术、加工技术、储运技术得不到保障，形成农产品质量低、加工产品增值率低、市场占有率低现象。例如，在中国实施农业产业化经营过程中，由于各地起步不一，发展水平不平衡，不少相对落后地区的龙头企业素质低、资金投入不足，要实现真正意义上的以"农工商"、"产加销"、"利益共享，风险共担"为特征的农业产业化经营还有一定的差距。目前，其经营水平还基本处于较低的阶段，农户、基地与加工企业、销售公司之间的关系还是以简单的买卖关系为主，农产品营销渠道成员之间的关系较为松散。

上述几种类型的农产品营销渠道反映了中国现阶段农产品营销的基本状况，总结其特征，现阶段的农产品营销还基本处于以生产为导向的营销阶段，其目的是如何使生产者的农产品传递到消费者或用户手中，是典型的"生产—市场"营销模式。

5.1.4 农产品营销渠道的突出问题

农产品是否能及时销售出去，在相当程度上取决于营销渠道是否畅通。营销渠道的畅通和高效可以有效保证农产品供求关系的基本平衡，保护生产者和消费者的利益，使中国农业生产保持稳定平衡。尽管中国农产品三级营销渠道已经建立，但是渠道效率不高和农产品市场上普遍存在的结构性、季节性、区域性过剩，引发了农产品卖难问题，这正是小农经济的生产经营与大市场、大流通不相适应的结果，致使整个农产品渠道体系存在以下几个问题。

（1）渠道成本居高不下

目前农产品的分销成本偏高，而且波动性较大，特别是一些"大路农产品"集中上市时，物流不畅，加工能力不足，产销脱节严重，加上设卡收费、路况不良、自然灾害等形成的时间成本都在有形无形中增加了大宗物流环节的经营风险和成本。由于现有的保鲜手段落后，而农产品绝大部分未经加工直接销售，这样多环节低效率的分销会给渠道成员带来一定损失，因此，生产环节落后、技术水平低下、流通信息不灵、管理方式陈旧等因素都增加了渠道成本。

（2）渠道上游主体缺乏竞争力

从现有情况看，从事农产品生产的生产者是营销渠道的上游主体。这个主体存在几个主要问题：第一是文化素质普遍偏低，在农产品的生产和经营上往往是依据以往的经验来判断，缺乏科学种植的观念。第二是信息不灵，盲目跟风。由于市场信息的形成机制和信息传播手段的落后，使农产品的生产者缺少市场信息的指导。大多数农户通过看电视、听广播，再看左邻右舍种什么，自己就跟着种。今年什么东西好卖，明年自己也种什么，缺乏快捷、准确捕捉市场信息的能力，更缺乏科学的市场分析和预测，结果造成了"多了烂，少了抢"。第三是多数小生产方式下的农产品生产者无法进行农产品的产后流通、加工环节中所应该进行的严格筛选、规格包装，难以运用保鲜技术。这种组织性不强、文化水平不高、经营观念落后的渠道主体显然缺乏竞争力。

（3）渠道技术含量较低、效率低下

农产品流通的效率与储藏和运输职能的履行息息相关。而长期以来，中国只重视采前栽培，而忽视采后的保鲜储备，造成农产品加工保鲜能力不足，损耗严重。蔬菜等农产品在流通过程由于缺乏有效的保鲜包装措施，容易腐烂变质，这使得农产品在运销过程中存在较大的损耗，无形中增高了渠道成本。尽管近年来中国农产品保鲜和储藏技术有了很大提高，但还是很不合理。比如，许多冷藏库建在大城市，而且多属简易库，农产品产地却没有冷库和气调库，产品不能及时入库。合理的模式是以美国农产品物流为代表的"产地储藏，销地周转"，产品可以一直处于采后生理需要的低温状态并形成一条冷链，即田间采后预冷—冷库—冷藏车运输—批发站冷库—超市冷柜—消费者冰箱。这样，农产品在物流环节中的损耗率仅有1%～2%，大大节约了渠道成本。此外，诸如产地基础设施和条件极度缺乏导致了产地农产品分级包装难，运输工具落后导致农产品从产地到达销地的周期比较长等一系列问题，已经成为限制农产品营销渠道体系向高效低耗发展的瓶颈。

（4）流通半径过小

中国农产品销售呈现出很强的地域限制的特点，以产地批发市场为例，大多数农产品在产地附近销售，产品外销到销地的数量及比重有限，时常出现农产品产地过剩、销地短缺的尴尬局面。中国某些地区的某些农产品出现积压和滞销，主要是因为农产品的营销渠道不畅、流通半径过小所致，并非真正的农产品"过剩"。

（5）渠道环节多而杂，流通链条过长

以蔬菜流通过程为例，从菜农到居民中间要经过五六个环节，如：菜农（生产者）→产地中间商→市场批发商→市场中间商→零售商→消费者，而蔬菜批销的每个环节都要加上很高的毛利才行，流通环节的增多，无形中加大了农产品的成本。

总之，虽然近些年来农产品营销渠道体系得到不断完善与发展，但要真正实现农产品流通现代化，还必须大力提高流通诸环节的综合水平。

5.2　批发市场运营绩效分析

5.2.1　批发市场基本情况

以武汉市为例，武汉市现有农产品综合市场336个，年成交额94.2亿元；农产品专业市场57个，年成交额35.3亿元；其中亿元以上的农产品综合市场13个，专业市场10个（其中粮油市场3个、干鲜果市场2个，水产品市场1个，蔬菜市场4个），具体如表5-1所示。这些交易市场主要从事粮油、水果、水产品、蔬菜等农产品的批发，担负着本地区乃至华中地区邻近诸省的农产品供应，参与全国农产品大流通。这些农产品交易市场作为连接产需的流通部门，正逐步从传统的末端行业发展为先导性行业，农产品交易市场在经济发展中的作用日趋增强。

表5-1　武汉市亿元以上农副产品交易市场情况

类　别	数量/个		摊位数/个		面积/万平方米		管理费/万元		成交额/亿元		零售额/亿元	
综合类	13	5.0	4 226	2.1	11.03	2	1 815	0.9	18.34	1.7	9.22	1.9
粮油类	3	11.5	486	11.5	10.79	3.7	57	2.1	20.17	11.2	3.51	34.6
干鲜果	2	8.7	450	6.5	5.63	9.8	81	2.3	6.09	5.2	0	0
水产品	1	4.8	493	3.8	0.20	0.9	25	0.7	2.20	1.5	0	0
蔬菜类	4	11.1	288	1.0	2.03	1.6	355	2.3	5.93	2.5	1.22	6.6

注：每栏第二列数字表示武汉市在全国35个重点城市同类市场的比重，单位：%

资料来源：来自对农产品批发市场的调查

表 5-1 显示，从交易规模和市场份额来说，以农产品批发市场为中心的流通形式仍处于主导地位，继续发挥着集散商品、形成价格、传递信息、引导生产、指导消费的重要作用。

5.2.2 批发市场绩效比较

我们按照经营规模大小、设施完备程度、运营时间长短分别选取了三个比较有代表性的蔬菜批发市场：武昌的白沙洲、汉口的皇经堂和汉阳的鸵落口。通过比较分析试图揭示武汉市批发市场的整体经营状况。

1）从蔬菜来源和销售方向来看，白沙洲批发市场日平均销量 310 万千克，其中蔬菜来源以外地菜为主，占 70%，主要来自山东、河南等地，本地菜占 30%，主要来自武汉郊县及湖北其他县市；约 40% 销往市外，主要销往长沙、九江等地，60% 销往武汉市内，流通半径比较大，辐射范围涵盖华中地区及邻近诸省。皇经堂批发市场日平均销量 182 万千克，蔬菜来源以本地为主，占 66%，主要来自武汉东西湖慈惠农场、新洲区双柳农场等蔬菜基地，也主要销往武汉本地，占 71%，一部分销往外地。鸵落口批发市场位于汉阳，与汉阳区江堤乡、永丰乡、国营四新农场及蔡甸区、汉川县的蔬菜基地毗邻，主要做郊菜生意，蔬菜也主要供应武汉本地，流通半径比较小（表 5-2）。

表 5-2 武汉市三大蔬菜批发市场比较

市场名称	市场性质	总量比重/%	日成交量/万千克	蔬菜来源	销往本地	平均价格指数	价格波动指数	营业面积/万平方米	费用收取/%	商户性质
白沙洲	民营	36.7	310	30/70	40/60	6.65	0.86	10	8	公司商行
皇经堂	国有	33.3	182	66/34	71/29	6.57	0.42	4	6	个体商贩
鸵落口	民营	8.9	76	85/15	95/5	6.78	0.38	0.5	6	个体商贩

注：表中平均价格是根据各市场成交量较大的前七个品种（大白菜、黄瓜、土豆、莴笋、葱头、白萝卜、青椒）加权平均得来。价格波动指数是相应的标准差，用来反映农产品批发市场价格波动情况

资料来源：来自对农产品批发市场的调查

2）从市场设施来看，白沙洲批发市场同皇经堂、鸵落口及武汉其他批发市场相比，市场设施相对比较完善，连接交通干线枢纽，便于农产品大规模流

通，目前主要有蔬菜和水产品两个交易区。皇经堂位于汉口古田二路，向东邻近长江二桥，107 国道临场而过，也具有一定的交通地理优势，同白沙洲相比，皇经堂批发市场的营业面积相对比较小，主要以蔬菜交易为主。鸵落口批发市场设施相对比较简陋，还处在发展过程中（表5-3 和表5-4）。

表 5-3　武汉市三大蔬菜批发市场的占地规模和交易设施规模

市场名称	市场占地总面积/亩*	交易大厅数量/个	交易大厅总面积/平方米	摊位数量/个	露天或大棚交易场数/个	露天或大棚交易场面积/平方米
白沙洲	400	1	35 000	1500	4	10 000
皇经堂	100	0	0	10	11	15 000
鸵落口	300	1	7 000	300	13	30 000

*1 亩 ≈666.67 平方米

资料来源：来自对农产品批发市场的调查

3）从交易方式来看，三个市场均实行对手交易，即买卖双方看货直接交易，买主在验货基础上讨价还价，成交后直接现金收付，不需要中间人代理，也不搞统一结算，以即期现货交易为主。调查中也发现，一些批发市场（如皇经堂）在交易方式方面展开了一些有益尝试，市场先后与蔬菜生产基地、种植大户之间签订产销合同，建立紧密的贸农关系，通过物质扶持、投资联营等形式与生产基地联姻，开展期货交易，摸索出一些成功经验。

4）从服务功能来看，三个市场的服务功能仍然比较单一，仅仅只是提供集中的交易场所而已，而后按照成交额收取一定比例的管理费。白沙洲市场中每个摊位的管理费用为 8000 元，由菜行经营户向前来买菜的个体商贩收取 3% 的行费。皇经堂批发市场为买卖双方过磅服务，同时按成交金额的 6%（其中买卖双方各负担 3%）收取管理费用，同时该市场还从事一定量的代购代销业务，市场提供的增殖服务比较有限。三个市场在信息服务、物流配送、后勤保障等方面的配套服务均有待加强。

5.2.3　批发市场中批发商的构成

购销商是农产品批发市场中交易活动的主体，根据我们的调查（表5-5、表5-6），中国农产品购销商的构成，具有如下的特征。

表5-5 武汉市三大蔬菜批发市场的卖方销售商的构成 （单位:%）

市场名称	卖方类型结构					卖方地区分布			卖方规模结构			
	购销大户（经纪人）	农业专业合作组织	产供销一体化公司	农民个人	其他类型	外省	本省外市	本省本市	10万元以下	10万~100万元	100万~1000万元	1000万元以上
白沙洲	80	—	—	20		60	30	10	—	10	70	20
皇经堂	80		10	10		70	30		10	40	40	10
鸵落口	80	—		20		30	40	30	—	90	5	5

资料来源：来自对农产品批发市场的调查

表5-6 武汉市三大蔬菜批发市场的买方购买商的构成 （单位:%）

市场名称	买方类型结构							买方地区分布			买方的规模结构			
	批发商	批零商	零售商	配送中心	团体采购	个体消费者	其他购买者	外省	本省外市	本省本市	10万元以下	10万~100万元	100万~1000万元	1000万元以上
白沙洲	80	20	—	—	—	—	—	80	15	5	—	10	70	20
皇经堂	60	5	15		10		—	20	60	20		20	70	10
鸵落口	40	30	30			—	—	10	30	60	5	10	70	15

资料来源：来自对农产品批发市场的调查

第一，购销商的组织程度低。卖方销售商以购销大户（经纪人）和农民个人为主。除了杭州粮油批发市场的卖方购销商主要是粮食加工企业之外，其他农产品批发市场的卖方销售商主要是购销大户和农民个人，特别是购销大户所占比例一般超过了70%。这说明中国农产品销售的组织程度非常低，买方购买商类型复杂，除了批发商之外，还有相当部分的零售商以及团体消费者。这一方面说明中国农产品批发市场并不完全只是批发业务，还有零售的功能。这种状况在原来由农贸市场起步的城市销区市场，例如，皇经堂蔬菜综合批发市场中尤其明显。另一方面说明，中国农产品从批发市场进货进行的二级批发业务发展迟缓，组织化程度也很低。

第二，广域农产品流通的格局已经初步形成。从调查农产品批发市场的情况看，外省的购销商已经占有相当大的比例。购销商的地区分布与农产品批发市场的性质有关，由于调查的农产品批发市场大多是销地批发市场，所以，卖方销售商来自外省的比重要明显地高于买方购买商的相应比重。

第三，农产品购销商的规模较小。与前述农产品购销商的组织程度低相联系的是，农产品批发市场的购销商的规模不大。无论是销售商还是购买商，年交易额超过 1000 万元的，比重最高的批发市场也不多于 20%，大部分购销商的年销售额在 100 万～1000 万元，这是一个与个体或者家庭经营比较吻合的交易规模。

5.3 农产品零售渠道绩效评价

5.3.1 农产品零售终端现状

以武汉市为例，目前武汉市农产品零售渠道主要有两种类型：一种是传统的农贸市场，另一种是现代新型生鲜超市。

1）农贸市场。武汉市中心城区有农贸市场 223 家，其中设施简陋、顶棚式简易市场占到总数的 56.5%，部分农贸市场服务功能不配套，经营环境问题突出；营销方式较粗放，商品质量、食品卫生问题时有发生。武汉市政府已决定用 2～3 年时间，以"五个一批"（新建、改造、升级、转向或关闭、扩容）方式，有序推进生鲜食品超市发展和农贸市场改造升级，初步构建起以连锁超市为主导，多业态并存、布局合理、方便放心的生鲜食品流通网络。

2）生鲜超市。近两三年来，随着零售业竞争日益激烈，武汉本地的零售企业纷纷转变经营模式，寻求新的增长点。自从家乐福进入中国后率先引入"超市卖菜"的新概念之后，武汉三大零售企业（中百、武商、中商）纷纷进入农产品零售领域，凭借其先进的管理水平和完善的硬件设施在农产品市场展开激烈争夺。

5.3.2 农产品零售终端绩效评价

我们采用分层比例抽样法，按照农贸市场和生鲜超市总数的 8%，随机选取了 16 家进行对照分析。农产品零售终端直接面对最终消费者，其绩效水平关乎消费者利益。

通过查阅相关文献资料，结合前面文献回顾，我们设计了衡量渠道绩效的指标体系，如表 5-7 所示。

表 5-7　农产品营销渠道绩效指标体系

农产品营销渠道绩效（AMCI）	销售绩效（P）	1. 毛利率（v1）：反映单位成本下的收入水平和单位资金使用效率 2. 净利率（v2）：反映渠道成员的综合赢利能力
	分销贡献率（D）	3. 分销比重（v3）：反映渠道成员在农产品销售扩散方面的能力 4. 市场份额（v4）：反映满足消费者需求方面的能力与水平
	利益平衡度（B）	5. 利益矩（v5）：以市场均衡价格为基点，测量渠道成员购销差价与市场均衡价格之间的比值，借以反映渠道成员在供应链整体利益中的占有水平 6. 价格比（v6）：各渠道成员间的购销价格比值
	顾客满意度（S）	7. 满意度指数（v7）：反映顾客在多个焦点问题对渠道成员的满意度和认同感 8. 效用价格比（v8）：通过态度量表测量单位成本下消费者感知到的效用水平

1）从市场份额和居民购买地点选择倾向来看，从总体上而言，目前农贸市场仍然是居民购买蔬菜等农产品的主渠道，人们仍然习惯于到农贸市场买菜；进超市买菜虽处于起步阶段，但发展很快。从具体品种来看，高价值的农副产品，比如肉食、禽蛋、水产品、食用油等，生鲜超市具有一定的竞争优势；低价值的农产品，比如大白菜、萝卜等蔬菜，农贸市场价格便宜、新鲜品种多，具有一定优势。呈现出"到超市买荤菜、到集市买素菜"的消费倾向，也说明两类渠道组织各有其优劣势和对应的消费群体，具体如表5-8所示。

表 5-8　集市与超市居民消费倾向比较

类型	购买地点	大米面粉	食用油	蔬菜	肉食	禽蛋	水果	水产品	熟食
农贸市场	60.36%	0.547	0.485	0.782	0.248	0.394	0.505	0.376	0.487
生鲜超市	39.64%	0.453	0.515	0.218	0.752	0.606	0.495	0.624	0.513

注：表中数据反映的是调查中消费者购买某种农产品时对两种不同农产品零售渠道的选择和偏好，可能与实际的市场占有率有一定差异。表中60.36%表示每100个样本中，约有60人主要是农贸市场里购买农产品。后列中的数据表示某消费者在购买某种农产品时更倾向于选择哪种渠道

2）从消费者满意度来看，态度量表测定结果显示：消费者在价格便宜、地点便利、新鲜品种多三个方面对农贸市场比较认同，满意度比较高；消费者在质量可靠、购物环境好、服务态度等方面对超市满意度比较高，如表5-9所示。

表 5-9　集市与超市顾客满意度比较

类　　型	顾客满意度	价格便宜	地点便利	质量可靠	新鲜品种多	购物环境好	便利快捷	服务态度好
农贸市场	3.14	4	4	2	5	1	3	3
生鲜超市	3.86	3	3	5	2	5	4	5

注：顾客满意度量表，5~1分别表示非常赞成、赞成、一般、不赞成、极不赞成。表中数据取中位数值，顾客满意度指数取样本均值

3）从渠道利益分配来看，一般来说，生鲜超市运营成本比农贸市场要高。一方面，生鲜超市采取的是统一采购和基地配送的方式，大大缩减了流通环节，降低了成本；另一方面，超市运营成本和农贸市场的经营户比较起来，每公斤的蔬菜上要分摊更多的费用与成本。在保证合理利润的前提下，超市和农贸市场相比在价格方面缺乏优势。如表5-10所示，同农贸市场相比，虽然超市从整体上促进了农产品的流通与销售，但进价低、售价高，单位采购费用所带来的销售收入明显高于农贸市场（0.859 > 0.693），"挤压效应"比较明显，伤害了两端生产者和消费者的利益。但从利润率来看，又低于农贸市场，这表明同农贸市场相比，超市运营成本比较高，存在比较严重的损耗，而由于超市在农产品买卖中的主导作用，又使得这种损耗在一定程度上转嫁到生产者和消费者身上。

表 5-10　集市与超市销售绩效比较

类　　型	采购额	零售额	销售收入	毛利率	采购成本	管理费用	利润额	净利率
农贸市场	267.2	452.5	185.3	0.693	46.2	60	79.1	0.296
生鲜超市	255.5	475	219.5	0.859	72.9	105	41.6	0.163

注：数据来源于调查个案：农贸市场以北湖净菜市场某菜贩A的经营流水账为例（单位：元）；生鲜超市以某超市的某一月销售报表数据为例（单位：万元）

4）指标综合值及排序：农产品营销渠道绩效AMCI指数主要从销售绩效、分销贡献率、利益均衡度、顾客满意度四个方面来测度，如表5-11所示。

表 5-11　农产品营销渠道绩效及综合排序

类　　型	销售绩效	分销贡献率	利益均衡度	顾客满意度	AMCI	综合排序
农贸市场	0.296	0.578	0.401	0.628	0.420	1
生鲜超市	0.163	0.522	0.159	0.772	0.208	2

说明：由于条件所限和多种因素造成的客观原因，使得调查具有局限性：一是无法全面了解农贸市场和生鲜超市的经营状况，通过调查资料分析得出的结论难免存在片面性；二是由于缺乏时间序列数据，仅靠截面数据来评价两者的经营绩效也存在偶然性；三是调查仅以武汉为例，不一定能全面准确反映我国大中城市农产品营销渠道状况。这些缺陷都需要在后期的研究中加以弥补和改进。但本书仍然为分析和评价营销渠道绩效提供了一个分析思路。

①运用灰靶决策模型对上述指标进行测算，得到下列分指标的综合值。
②计算农产品营销渠道绩效 AMCI 指数，并进行排序，如图 5-2 所示。

$$AMCI = \frac{1}{2}\sum_{i=1}^{n}(X_i \times X_j) = \frac{1}{2}(P \times D + D \times B + B \times S + S \times P)$$

$$j = i + 1 \in [1,4]$$

注：用四个指标所围成的图形面积来综合衡量 AMCI 指数

由上式计算可得 AMCI 农贸为 0.420，AMCI 超市为 0.208。

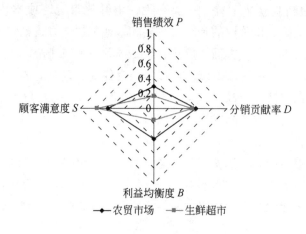

图 5-2　农产品营销渠道绩效多重排序

从上述指标可以看出：①居民对生鲜超市的满意度明显高于农贸市场。②农贸市场的销售绩效要高于生鲜超市，农贸市场的个体商贩虽然进价高、售价低、利润空间相对较小，但同时其市场运营成本也比较低；超市则是一台"昂贵的营销机器"，经营收益高，同时运营成本也高，存在很高的损耗。③农贸市场一定程度上照顾到生产者和消费者的利益，利益均衡度要高于超市。④在促进农产品销售和满足居民消费需求方面，两者的贡献相当，农贸市场虽然受到超市的严峻挑战，但仍然在整个农产品零售市场中处于主渠道地位。⑤从营销渠道绩效综合排序来看，目前农贸市场这种农产品营销渠道形式要优于生鲜超市。

5.3.3　结论与思考

（1）农贸市场和生鲜超市一定时期内会继续共存

首先，两者各有其市场空间和消费群体；另据调查显示（李春成等，2005），居民农产品购买地点的选择明显受到下列因素的影响：文化程度、职业状况、收入水平、生活习惯、社会环境等。农贸市场的消费群体是：年龄较大且不太习惯超市购物模式的、文化程度中等偏下且对食品安全问题不敏感的、收入水平较低且满足于解决温饱与生存问题的居民群体。而超市的消费群体是：中青年和年轻人等对超市购物模式比较接受的、文化程度较高且注重生活品质的、收入水平较高并关注营养与健康的居民群体。单从收入来看，月收入2000元左右是消费者选择是否进超市的分界线。其次，两者各有其优劣势，农贸市场的优势在于其经营方式灵活多变，可以迅速捕捉并及时满足消费者多样化的消费需求，此外，其运营成本非常低。生鲜超市的优势在于其经营主体的组织化、规范化，一般其销售的农产品质量比较可靠，消费者比较信赖，同时采取统一采购、统一配货、统一定价的连锁经营方式，可以有效降低流通成本。总体来说，农贸市场虽然存在诸多问题，但仍然是一种有效率的农产品营销渠道形式，短期内不会被生鲜超市所取代，但其经营状况会受到后者较大的冲击和影响。最后，两者共存共同参与市场竞争、优势互补，有助于其改进服务质量、提升管理水平、提高经营效率，而这些都有益于保护生产者和消费者的利益。

（2）引入竞争机制，构建公平有序的市场环境

政府在推进"农改超"工程时，为了尽量避免一个地区的农贸市场仅由一两个商业企业来操作，应当引入竞争机制。生鲜超市组织化程度高，单次采购量大，谈判能力强，一旦形成垄断，在和上游生产者讨价还价的过程中，极易恶意压低进价，侵害农户的利益。而对下游消费者而言，由于"菜篮子"的需求弹性较小，同企业的垄断地位相比，消费者竞争力量薄弱，生鲜超市出于对更高利润的追求容易抬高售价，从而使广大消费者深受垄断价格之苦。

（3）政府的监督作用不可或缺

政府作为公共管理部门担负着建立和完善农产品营销渠道体系、确保社会食品安全的重任。不论未来农产品营销渠道的格局如何变化，也不论超市是否会替代农贸市场，政府都必须加强市场监管，严格执行农产品准入制度，确保食品安全。一般来说，超市出于对商业信誉和经济利益的考虑，的确会加强自身食品卫生安全的管理，但这并不意味着生鲜超市能够自动地使居民的食品安全保障系数达到最大化。简单地讲，"农改超"后，要实现农产品的放心消费仍然离不开政府对市场的有效监管。2006年下半年发生的河北白洋淀"红心

鸭蛋"事件①尽管是个案，但显示出政府食品安全监管工作仍有待加强。

5.4 本章小结

本章主要通过构建农产品营销渠道绩效评价指标体系，收集农产品营销组织的销售绩效、分销效率等多方面的数据资料，运用灰靶决策方法测算了当前城市中两种主要的农产品营销渠道模式的绩效水平，同时对农产品营销的主渠道——农产品批发市场进行了比较研究。

---

① 具体参看《河北红心鸭蛋查出苏丹红》，http：//news. sina. com. cn/z/hbyslsdh/index. shtml。鸭蛋经销商以高价回收红心鸭蛋为诱饵，向养殖户销售化工染料苏丹红，河北省平山、井陉两县的部分养殖户使用了从鸭蛋经销商处获得的苏丹红饲喂蛋鸭以生产红心鸭蛋。成品鸭蛋经由两条路径进入消费者手中：一是鸭蛋经销商经由在北京的批发零售直销点直接卖给市民；二是鸭蛋经销商通过北京一家商贸公司进入北京多家超市货架，最终卖给市民。红心鸭蛋从养殖户到消费者经历的诸多环节中，只要有一个监管职能发挥作用，不安全食品就不会摆上居民餐桌。此外，由于超市的分销能力强，加之市民对超市食品的信任，最终导致这种红心鸭蛋在超市日销售量很大，造成恶劣影响，这个事件带给我们的启示是：超市一旦出现食品安全问题，其造成的后果往往比农贸市场更严重，因此，超市不能成为食品监管的盲区；此外，政府应该在农产品流通的一些环节上设置食品安全的控制点，加强食品监管。

第6章
农产品营销渠道成员绩效分析

渠道总绩效和成员绩效是营销渠道研究的重要领域，而且很早就存在两个引起广泛争议的话题。

第一个话题是，相对于制造商或批发商，零售商是否真的获取了更多的渠道收益，并因此引起前者收益的减少，渠道重心下移、零售商权力增大和零售获利增加。尽管这些观点为众多营销学者所认同。然而，一些学者提出了反对证据。Messinger 和 Narasimhan（1995）分析了美国食品渠道演变过程，他们指出渠道绩效由多种作用力决定，如渠道结构（多渠道、分销密度、集中度等）和渠道行为（价格行为、产品线战略和新技术采用）等，并没有明显证据表明（财务的或证券市场的）渠道利润由制造商转移到零售商，他们的数据只表明二者的利润同时都在下降。Kim 和 Staelin（1999）则认为，制造商或批发商对零售商提供让利补贴，如果零售商将这部分让利转移给消费者（如增加促销或改善服务），那么制造商和批发商的收益就会相应增加而不会减少。Dukes 等（2006）也认为强势的零售商不断取得低成本优势，既能提高整个渠道效率，也能提高批发商收益。

第二个话题是，合作型渠道下各成员间的合作安排（或契约安排）能在不损害其他成员利益的前提下既改善自身收益又增进总渠道价值，这种设想能轻易实现么？现实渠道实践中，虽然不乏合作安排，但更多地却是出现在水平关系之中。例如，战略联盟在制造商之间的协同（如美国硅谷的集群经济）比制造商和零售商之间的联盟更为普遍和持久，而各种合作社或协会通常情况下则要么只联合小生产者，要么就只联合零售商，而很少有垂直联合。整合型的渠道（渠道一体化）往往能获得比合作型渠道（成员利益分成）更高的渠道总经济绩效（Wang et al.，2004）。垂直渠道成员之间（如批发商和零售商）明确的利益分成与总渠道利益最大化是不兼容的，这是因为实现总渠道利益最大化的途径无非包括周详的议价安排、合并或政府干预，但此时渠道利益分配就不全是由各成员内生决定的（Ingene and Parry，2004）。

"批退零进"通常概指分销渠道中，批发商流通职能弱化、零售商渠道权力强化、批发商/零售商在议价能力和企业绩效等方面发生位势倒置的一种渠道演化现象。"渠道权力下沉"或者"对角线转移"，又或者"批发无用论"，一直被认为是早期对"批退零进"的有力呼应（朱绍文和生野重夫，1997；林周二，2000）。渠道成员在整个渠道链条中的相互作用和相对关系，与特定经济发展阶段或不同行业市场等有密切关系，又因为绩效的测量至少包括经济绩效和关系绩效等多个维度（Gunasekaran et al.，2004）。本章主要分析国民经济行业分类标准（GB/T 4754—2002）下的"食品、饮料及烟草制品"批发企业（H632）和零售企业（H652）主要财务绩效的关系和变化。借鉴"结构—行为—绩效"理论（SCP）方法，渠道结构（分销密度和渠道集中度）和渠道价格（"生产—批发—零售"价格差）变量将得到重点分析，以考察引致批发商和零售商财务绩效关系变化的作用机制。

6.1 批发商与零售商交互的"结构—行为—绩效"分析

Lanier 等（2010）将渠道链视做密切合作的整体，至少由"供应商—卖方—买方"三个成员构成（supplier-seller-buyer，SSB）。他们从四个指标测度渠道成员的财务绩效，分别是：资产利润率（利润或总资产）、资金周转（asset turnover，销售额或总资产）、销售利润率（profit margin，利润或销售额）和现金周转（cash cycle）。因为利润率指标主要表明企业在单位销售收入上对成本的控制力，因此被视作反映企业运作效率（efficiency）的指示器；而周转率指标表明企业特定资产或资本的新增殖能力，因此被视作反映企业生产力水平（productivity）的指示器。鉴于此，本节将渠道成员财务绩效的考察限定为三项利润率指标（资产利润率、销售利润率、成本利润率）和两项周转率指标（总资产周转率、流动资产周转率）。

如前所述，绩效测量包括经济绩效和关系绩效多个维度，而且其影响机制也不尽相同。

第一，渠道关系绩效的研究主要借鉴资源能力理论（resource and capability based theory）、承诺—信任理论（commitment-trust theory）、依赖理论（dependency theory）、关系规范理论（relation norm theory）等。这些分析框架主要从内外环境感知的众多微观数据来准确测度渠道合作、满意、冲突和机会主义行为的决定和影响机制。Palmatier 等（2007）在详细比较多种理论后认为，承诺（commitment）、信任（trust）和关系专用资产投资（RSIs）是影响渠道组织关系绩效的直接作用变量，而关系规范（relational norm）、依赖结构（dependency structure）则更多地作为背景变量，并不具有直接作用力，只是引致渠道组织高绩效的必要而非充分条件。

第二，渠道经济绩效的研究则主要借鉴于"结构—行为—绩效"理论（SCP）和交易成本经济学（TCE）等。前者借鉴产业经济学思想，能够从渠道系统内部的诸多变量有效地分析对渠道经济绩效的影响（Messinger and Narasimhan，1995），如结构变量包括渠道长度、密度、宽度和集中度等，行为变量包括定价、品牌、促销和创新性等；而后者则针对渠道交易特征，如交易频率和资产专用性等，对渠道总交易成本和经济绩效作合理解释。

考虑到本节实证分析部分同时涉及微观数据和中观加总数据，将借鉴"结构—行为—绩效"（SCP）的观点，重点分析渠道结构和渠道行为中的三类变量，前者包括批发商/零售商分销密度和渠道集中度两类变量，后者包括"生产—批发—零售"渠道价格差变量。

6.1.1　上/下游渠道成员之间的交互影响

选择渠道整合（层级制）还是渠道合作（市场化），可以通过交易成本和收益的平衡实现市场出清。一方面，渠道合作可能产生外部性经济，但同时也能减少内部行政成本并实现专业化效率，因此垂直渠道成员的绩效交互就可能存在一种正反馈式"战略匹配"，或负反馈式的"短板效应"。Dukes 等（2006）的研究表明，尽管零售商的渠道力量越来越大，但并没有证据表明制造商和批发商的收益在减少。他们认为，强势零售商在不断取得优越的成本优势时，也使得制造商收益增加。市场份额逐步转向低成本的大规模零售商，整个渠道因此也变得更有效率。另一方面，因为渠道链条存在利益相关性（chain-related profitability）和共享资产效应（shared asset utilization），使得买卖双方的经济绩效交互影响。Lanier 等（2010）发现，持续性、合作型渠道链往往具有相对较高的经济绩效，如资产利润率水平相对要高 1%，总资产周转率相对要高 0.2%，而现金流周转相对缩短 15 天。这是因为渠道链条环境下，各成员尽管拥有各自独立的资产，但他们却又同时获得了整个渠道链的共有资产。例如上游渠道成员往往最能享受到整个渠道链现金周转（cash cycle benefits）所带来的好处。因此，提出如下研究假设：

H_{1a}：批发商财务绩效增加，会带来零售商财务绩效的改善。

H_{1b}：零售商财务绩效增加，会带来批发商财务绩效的改善。

6.1.2 批发商/零售商分销密度

一般而言，产品分销策略应该是最大限度地使得消费者随时随地获取所需产品或服务。"排他性分销"是一种重要的分销密度战略安排，它包括水平排他性分销（horizontal exclusive distribution）和垂直排他性分销（vertical exclusive distribution），而后者是指除经过下一级分销商才能在特定地理区域经销产品外，上一级供应商不能经销该产品的一种垂直渠道分销安排。Gonzalez-Hernando 等（2005）认为，垂直排他性分销安排能显著提高供应商和分销商的角色绩效（role performance）和商业绩效（business performance），但这主要是因为垂直排他性分销带来了更多的超额垄断租金。在水平排他性分销安排中，零售商加大分销密度是对它的供应商（或批发商）的一种可置信承诺（credible commitment），因为分销密度越大表明零售商越愿意承受大量存货和培训大量销售人员。这恰恰强化了供应商（或批发商）和零售商之间的密切关系，正是供应商所期望实现的稳定性渠道合作（Frazier and Lassar，1996）。然而，因为零售商（批发商）做出了可置信承诺，其面临的市场风险和运作成本也将增加，而与此同时批发商（零售商）也有了更多实施机会主义行为的可能性（如不进行相应分销投资或随时退出分销关系）。Gerchak 和 Wang（2004）证明，在批发价格驱动的渠道（wholesale-price-based channel）下，分销商越多，渠道总收益则会越少，这是因为此时的渠道需要更多的信息交换和激励强化，比如，某供应商不仅需要知道其零售商的成本信息，还需要知道其他供应商的成本信息。因此，提出如下研究假设：

H_{2a}：批发商分销密度加大，则批发商财务绩效减少（H_{2a-}），零售商财务绩效增加（H_{2a+}）；

H_{2b}：零售商分销密度加大，则批发商财务绩效增加（H_{2b+}），零售商财务绩效减少（H_{2b-}）。

6.1.3 渠道集中度

Messinger 和 Narasimhan（1995）对美国食品营销渠道 20 世纪 70～80 年代的演变的研究指出，不同渠道环节集中度的变化会引起各渠道成员绩效的不同反应。例如，零售商集中度的提高会促进零售商利润增加，但却会负向影响制造商和批发商利润，而制造商或批发商集中度的增加则恰好有相反效果。Lanier 等（2010）计算了整个渠道链的集中度（chain concentration），并认为它对渠道链不同财务绩效指标产生不同作用。例如，资产利润率与渠道集中度正相关，而且渠道集中度（concentration）还是总资产周转率（asset turnover）和现金周转率（cash cycle）的主要驱动因素。他们认为，这是因为渠道链集中度越高，则意味着链条成员联结越紧密，越倾向于采用现代化供应链管理且充分利用渠道信息或知识，从而降低整个渠道链的交易成本。本节所指的渠道集中度，是指批发业（H632）和零售业（H652）中限额以上批发、零售企业的产品销售额与全行业总销售额的比值。同时，提出如下研究假设：

H_{3a}：渠道集中度增加，将减少批发商财务绩效；

H_{3b}：渠道集中度增加，将增加批发商财务绩效。

6.1.4　渠道价格

渠道价格通过率（pass-through rate）一般指零售商从制造商/供应商处采购产品然后出售给消费者的过程中，两次价格落差的对比值。这一对比值既反映出制造商/供应商的批发价格政策（wholesale pric policy），也能反映出零售商对消费者剩余的让渡力度（consumer surplus release）。

第一，批发商与零售商议价能力、策略互动而形成的渠道价格差格局影响两者的财务绩效。Kim 和 Staelin（1999）就指出，对于零售商而言，一方面频繁的价格战只会降低消费者的"店铺忠诚度"，另一方面零售商实施的低渠道价格通过率（即以较低批发价进货而以较高零售价售出），只会使得其制造商/供应商减少相关补贴让利（如广告和促销等补贴），并增加其流失潜在顾客的终端市场风险。但对于制造商或供应商而言，为了增加自身的经济绩效，他们则需要综合考察零售商价格战略和零售商市场集中度。如若零售商集中度较低且零售商实施较高批零价差战略，则对零售商进行更多的补贴让利也仍旧会给自己带来更高的经济收入，因为此时零售商会将制造商/供应商的这部分额外补贴进一步让渡给终端消费者，改善了零售服务质量和顾客满意度。Bykadorov 等（2009）则指出批发价格折扣政策（wholesale price discount policy）会强化零售商的销售激励。他们还证明，只有对于高效率的零售商，较大的折扣价差会使制造商获得较多收益；而对于低效率的零售商，更大的折扣价差只会使制造得到更少的收益。他们认为，只有零售商具备更好的销售技能和更强的销售激励（高效率的零售商），才能弥补因为较高终端零售价所带来的获利损失。

第二，零售商对消费者的价格战略考虑，如是否考虑消费者需求价格弹性和产品品类管理（category management）等，也会影响批发商和零售商的财务绩效（Kadiyali et al.，2000）。Wang 等（2004）认为，价格需求弹性和零售商的渠道成本比例决定了渠道链条绩效和零售商绩效。例如，较低价格弹性或较高零售商渠道成本比例，会带来更高的渠道绩效和零售商绩效。Nijs 等（2007）指出，如果零售商只是简单地对产品实行成本加成定价（cost-plus pricing approach），那么这种批发价格政策对零售商收益就不会产生什么影响。这是因为制造商和零售商有着不同的渠道利益和目标。例如，制造商可以从多种分销策略中得到收益，而并不只是简单地通过对零售商的批零价差获得收益。而零售商在确定"批发－零售价差"以获取收益时，则需要更多地考虑产品线策略和消费者价格敏感性。

考虑到批发商—零售商配对样本数据的不可得性，直观的"生产者—批发商—零售商"两次价格差及其比值无法获得，本节采取了加总数据的近似化处理。因此，"生产价格指数"与"零售价格指数"绝对差值被理解为"渠道价格通过率"，并做出如下的研究假设。

H_{4a}：渠道价格差（"生产—批发—零售"价格差）越高，批发商财务绩效增加。

H_{4b}：渠道价格差（"生产—批发—零售"价格差）越高，零售商经济绩效增加。

6.2　批发商和零售商财务绩效的历史变化

正如前文所提出的争议性话题：如果不展开讨论是否渠道重心下移或零售商权力增大，现实世界中零售商是否真的获取了更多的渠道收益，并因此引起制造商或批发商收益的减少，图 6-1 反映的是批发商（H632）和零售商（H652）周转率和利润率指标变化，其走势表明批发商和零售商的财务绩效都呈现明显增长趋势。而且特别需要注意的是：①大部分财务绩效指标中，批发商（H632）的数值都比零售商（H652）的更高，这表明批发企业相对具有更好的运作效率和更高生产力。在进入 2008 年以后，仅有流动资产周转率一项指标，零售商开始优于批发商。②2002 年是一个重要跃变拐点。对于周转率指标，批发商（H632）的总资产周转率和流动资产周转率在 2000 年率先开始跳跃式增长（其中流动资产周转率由 2.01 上升到 2.73），一年之后（2003年）零售商（H652）也紧接着进入快速增长轨道（其中流动资产周转率由1.79 上升到 2.06）；同样的情形也发生在利润率指标上。

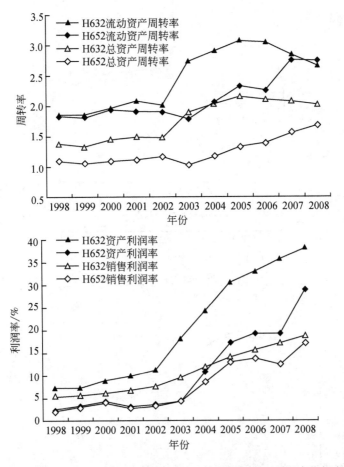

图 6-1　批发商（H632）和零售商（H652）的周转率、利润率指标变化

注：H632 代表限额以上食品、饮料及烟草制品批发企业；H652 代表限额以上食品、
饮料及烟草制品专门零售企业

资料来源：数据根据《中国市场统计年鉴》和《中国贸易外经年鉴》计算得来

　　为了进一步比较批发商和零售商财务绩效差距的时序变化，将两者的各项财务指标做差（图6-2），可以发现：①批发商绩效优于零售商绩效，这种优势呈现较明显的倒 U 形发展态势，即批发商优势先扩大（2002 年开始），随后批发商优势开始减少（始于 2006～2007 年），而且尤其体现在流动资产周转率差、总资产周转率差和资产利润率差（2003 年的最高差值分别达到 0.95、0.87 和 13.74%）。因此，初步可以得到的认识是，零售商的财务绩效尽管在不断改进，但批发商的财务绩效提升更为明显。这点也可以由大中型副食品零售商的销售利润变化图（图6-3）看出。②食品、饮料及烟草制品专门零售企业（H652）下的全国大中型副食品零售企业长期处于较低的利润水平（销售

利润率不超过 5%）。

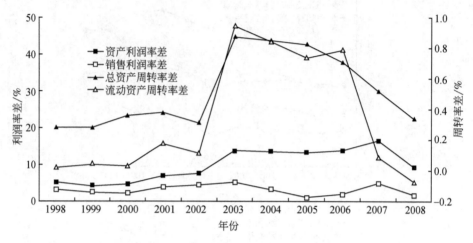

图 6-2 批发企业与零售企业的利润率差、周转率差变化（H632 和 H652）

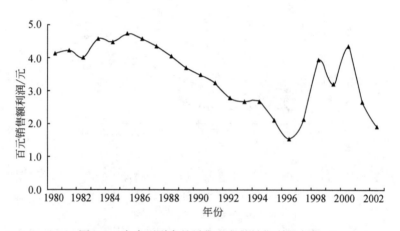

图 6-3 大中型副食品零售企业的销售利润变化

资料来源：数据根据《中国商业外经统计资料 1952～1988》、《中国国内市场统计年
鉴》和《中国市场统计年鉴》计算整理得来；1997 年及之前为全国重点副食品零售
企业（统计企业数在 1997 年前不超过 50 家），1997 年以后为限额以上副食品零售企
业（统计企业数在 2001 和 2002 年分别为 539 和 425 家）

综上所述，可以初步认为在食品、饮料及烟草制品的批发和零售领域，与
批发企业相比，零售商并没有获取更多的渠道收益，而且批发商和零售商的收
益同时都在增加，只是近几年（2006～2007 年）它们二者的财务绩效差距在
缩小，均分渠道蛋糕的局面开始形成。

6.3 批发商和零售商财务绩效的面板数据分析

6.3.1 模型设定和变量选择

本节实证分析的是"食品、饮料和烟草制品批发"和"食品、饮料和烟草制品专门零售"行业，按照国民经济行业分类标准（GB/T 4754—2002），二者的三位数行业代码分别是 H632 和 H652。具体分析对象为相应的限额以上批发和零售企业，其中按照国家统计局标准，限额以上批发贸易企业是指年末从业人员 20 人及以上，主营业务收入 2000 万元及以上；限额以上零售贸易企业是指年末从业人员 60 人及以上，主营业务收入 500 万元及以上。

根据前文所述，分别建立 H632 批发商绩效模型（6-1）和 H652 零售商绩效模型（6-2）：

$$P_{w\_it} = \alpha_0 + \alpha_1 P_{r\_it} + \alpha_2 D_{w\_it} + \alpha_3 D_{r\_it} + \alpha_4 \hat{P}_{d\_it} + \alpha_5 C_{it} + \mu_{it} \tag{6-1}$$

$$P_{r\_it} = \beta_0 + \beta_1 P_{w\_it} + \beta_2 D_{w\_it} + \beta_3 D_{r\_it} + \beta_4 \hat{P}_{d\_it} + \beta_5 C_{it} + \upsilon_{it} \tag{6-2}$$

其中各参数符号代表的含义见下表（表 6-1）：

表 6-1　变量选择及说明

变　量	指　标	说　明
批发商财务绩效 P_{w_it} 零售商财务绩效 P_{r_it}	资产利润率（w/r _ assetpft） 销售利润率（w/r _ salepft） 总资产周转率（w/r _ assetcyc） 流动资产周转率（w/r _ liqcyc） 百元成本利润（w/r _ revcst）	主营利润/总资产 主营利润/销售额 销售额/总资产 销售额/流动资产 100 × 主营利润/销售成本
批发商分销密度 D_{w_it}	批发商类值销售密度 （D _ w _ dtype）	实现亿元批发类值销售额 所需企业数/个
零售商分销密度 D_{r_it}	零售商类值销售密度 （D _ r _ dtype）	实现亿元零售类值销售额 所需企业数/个
渠道集中度 C_{contrn}	限额以上批发零售企业集中度 （C _ contrn）	限额以上批发零售企业销售额与全部批发零售企业总销售额比值
渠道价格 P_{diff}	生产价格指数与零售价格指数差 （P _ diff）	生产价格指数与零售价格指数之差的绝对值

6.3.2　数据和分析方法

分析数据主要取自于《中国商业外经统计资料 1952～1988》、《中国国内市场统计年鉴 1990～1992》、《中国市场统计年鉴 1993～2005》和《中国贸易外经统计年鉴 2006～2009》等。在进行计量经济模型分析时，因为统计口径和方法的变化，仅收集到 H632 批发商和 H652 零售商 2005～2008 年四年数据，因此为了增大分析样本，采集了全国 31 个省（自治区、直辖市）的面板数据，删除西藏数据并保留全国总数据，总共得到 124 个数据点（表6-2）。

表6-2　面板数据的描述性统计

	变　量	均　值	中位数	最大值	最小值	标准方差	J-B 值	显著性
批发商	资产利润率	0.362	0.349	0.700	0.132	0.105 5	3.67	0.159
	销售利润率	0.171	0.168	0.312	0.093	0.045 0	2.44	0.295
	总资产周转率	2.148	2.156	3.418	1.103	0.454 9	0.42	0.812
	流动资产周转率	3.061	2.929	5.672	1.358	0.774 9	9.87	0.007
	百元成本利润	21.535	20.688	50.113	10.357	7.153 5	18.01	0.000
零售商	资产利润率	0.203	0.175	0.833	−0.088	0.139 9	129.63	0.000
	销售利润率	0.130	0.123	0.334	−0.109	0.067 7	12.51	0.002
	总资产周转率	1.591	1.391	5.293	0.413	0.831 9	154.25	0.000
	流动资产周转率	2.686	2.386	8.275	0.824	1.397 9	85.00	0.000
	百元成本利润	16.542	14.487	70.513	−9.978	10.757 3	243.01	0.000
批发商分销密度		0.293	0.268	1.013	0.105	0.131 3	298.42	0.000
零售商分销密度		0.485	0.313	4.151	0.025	0.597 0	1 696.92	0.000
渠道集中度		0.534	0.522	0.947	0.232	0.164 9	5.89	0.053
渠道价格差		3.903	2.829	28.763	0.017	4.095 2	644.68	0.000

注：①样本数据点为 4×31＝124 个，其中此表统计为全部面板数据样本值；②2005～2008 年全国限额以上批发企业数（H632）分别为 3073、2918、2839 和 4681 个；③2005～2008 年全国限额以上零售企业数（H652）分别为 801、945、1087 和 1743 个

下面将利用面板数据和 Eviews6.0 进行计量经济建模，考察批发商和零售商财务绩效的影响机理。面板数据模型具有较好的分析工具特性，如可以增多观测值从而增加估计量的抽样精度；固定效应模型中能得到一致的参数估计量；可以获得更多的动态信息等（白仲林，2008）。

第一，面板数据的计量经济建模需要根据具体数据特征进行模型甄别。因为面板数据模型有三类模型，即混合模型（polled，odel）、固定效应模型

(fixed effects model，又分为个体固定、时点固定及双固定模型）和随机效应模型（又分为个体随机和时点随机）。考虑到数据历时较短（仅为四年），因此将通过如下两步检验来确定具体模型的采用：第一步，分别建立混合模型和个体固定模型，然后采用 F 检验来判定，若 F 检验拒绝零假设，则应选择个体固定模型；第二步，建立个体随机模型，然后采用 Hausman 检验，若检验拒绝零假设（P 值小于 0.05），则应选择个体固定模型，否则应选择个体随机模型。第二，将分别对 H632 批发商和 H652 零售商建立财务绩效面板数据模型，又因为财务绩效分别通过五类指标加以测度（资产利润率、销售利润率、总资产周转率、流动资产周转率和百元成本利润），因此下面将得到基于最小二乘和自回归法（LS-AR）的共 10 个面板数据模型。

6.3.3　面板数据分析结果

（1）计量效应的甄别和拟合度

对于五个财务绩效指标，分别对批发商财务绩效的最小二乘和自回归（LS-AR）模型（表 6-3，模型 I-V）和零售商财务绩效的最小二乘和自回归（LS-AR）模型（表 6-4，模型VI-X）进行模型效应甄别和拟合检验。

表 6-3　批发商财务绩效模型检验和拟合度

项　目		模型 I	模型 II	模型 III	模型 IV	模型 V
		资产利润率	销售利润率	总资产周转率	流动资产周转率	百元成本利润
		P_w_assetpft	P_w_salepft	P_w_assetcyc	P_w_liqcyc	P_w_revcst
F 检验（F 值）		5.964 7	15.220 7	5.821 3	14.527 14	17.619 4
		(0.000 0)	(0.000 0)	(0.000 0)	(0.000 0)	(0.000 0)
混合模型/固定模型		固定模型	固定模型	固定模型	固定模型	固定模型
H 检验（卡方值）		5.714 3	16.802 2**	9.620 8	8.251 7	13.376 8
		(0.335 0)	(0.004 9)	(0.086 7)	(0.142 9)	(0.020 1)
个体固定/个体随机		个体随机	个体固定	个体随机	个体随机	个体固定
模型拟合	R^2	0.267 3	0.888 6	0.010 2	0.022 8	0.905 8
	修正 R^2	0.236 2	0.844 3	-0.031 7	-0.018 7	0.868 3
	DW 值	1.383 3	1.965 5	2.065 9	2.079 9	2.380 2

* 表示在 0.05 水平下显著；** 表示在 0.01 水平下显著

表 6-4　零售商财务绩效模型检验和拟合度

项　目		模型 VI	模型 VII	模型 VIII	模型 IX	模型 X
		资产利润率 P_w_assetpft	销售利润率 P_w_salepft	总资产周转率 P_w_assetcyc	流动资产周转率 P_w_liqcyc	百元成本利润 P_w_revcst
混合模型/固定模型		固定模型	固定模型	固定模型	固定模型	固定模型
F 检验（F 值）		12.166 0** (0.000 0)	16.336 7** (0.000 0)	4.474 9** (0.000 0)	4.042 6** (0.000 0)	17.810 9** (0.000 0)
个体固定/个体随机		个体固定	个体固定	个体随机	个体随机	个体固定
H 检验（卡方值）		23.534 5** (0.000 3)	40.072 1** (0.000 0)	2.772 6 (0.735 0)	2.470 6 (0.780 9)	29.904 7** (0.000 0)
模型拟合	R^2	0.827 9	0.884 6	0.010 2	0.022 8	0.905 8
	修正 R^2	0.759 4	0.838 7	(0.031 7)	(0.018 7)	0.868 3
	DW 值	2.123 2	2.344 4	2.065 9	2.079 9	2.380 2

* 表示在 0.05 水平下显著；** 表示在 0.01 水平下显著

　　模型甄别由两个部分构成：①在 F 检验环节，批发商和零售商的全部回归模型都拒绝零假设（P 值小于 0.01），认为固定效应模型比混合模型更适宜。②在 Hausman 检验环节，在周转率因变量回归中，批发商模型（III、IV）和零售商模型（VIII、IX）都不能拒绝零假设，认为个体随机模型比个体固定模型更适宜；在利润率因变量回归中，批发商模型（II、V）和零售商模型（VI、VII、X）都适合个体确定模型（拒绝零假设，p 值小于 0.05），而批发商资产利润率模型（I）适合个体随机模型。

　　模型拟合度方面，分别考察利润率模型和周转率模型的拟合情况。利润率模型拟合普遍较好。其中，批发商销售利润率模型（II）和百元成本利润模型（V）的 R^2 值分别达到 0.89 和 0.91；零售商资产利润率模型（VI）、销售利润率模型（VII）和百元成本利润模型（X） R^2 值分别达到 0.8279、0.8846 和 0.9058。另外，批发商周转率模型（III、IV）和零售商周转率模型（VIII、IX）的回归拟合度较低，R^2 较小，难以在置信水平上反映出变量关系。而且模型拟合度较高（R^2 大于 0.8），各变量之间不存在明显共线性（DW 值都大于 1 小于 3）。

　　（2）回归方程和系数

　　通过上述计量效应甄别和拟合检验，分别确定批发商模型（表 6-5，模型 I-V）和零售商模型（表 6-6，模型 VI-X）的回归方程和系数。由于周转率绩效模型的回归分析拟合度不高，下面仅讨论反映企业经营效率的利润率绩效指标对各影响变量的回归情形，具体包括批发商销售利润率模型（Ⅱ）和百元成本利润模型（Ⅴ）；零售商资产利润率模型（Ⅵ）、销售利润率模型（Ⅶ）和百元成本利润模型（Ⅹ）。其回归方程分别为：

$$P_{w\_salepft} = 0.2227 - 0.1391D_{w\_dtype} + 0.0034D_{r\_dtype} - 0.088C_{contrn} +$$
$$0.0022P_{diff} + 01974P_{r\_salepft} + \mu_{it}$$

$$P_{w\_revcst} = 30.1302 - 23.9248D_{w\_dtype} + 0.4240D_{r\_dtype} - 11.8966C_{contrn} +$$
$$0.3460P_{diff} + 01948P_{r\_revcst} + \mu_{it}$$

$$P_{r\_assetpft} = -0.3563 + 0.2894D_{w\_dtype} - 0.0019D_{r\_dtype} - 0.3596C_{contrn} +$$
$$0.0037P_{diff} + 0.7439P_{w\_assetpft} + \mu_{it}$$

$$P_{r\_salepft} = -0.1410 + 0.2603D_{w\_dtype} - 0.0081D_{r\_dtype} + 0.1455C_{contrn} +$$
$$0.0018P_{diff} + 0.6680P_{w\_salepft} + \mu_{it}$$

$$P_{r\_revcst} = -20.1816 + 32.9044D_{w\_dtype} - 1.4011D_{r\_dtype} + 24.8290C_{contrn} +$$
$$0.1989P_{diff} + 0.6366P_{w\_revcst} + \mu_{it}$$

表6-5 批发商财务绩效回归模型的参数估计

估计参数	模型Ⅰ 资产利润率 P_w_assetpft	模型Ⅱ 销售利润率 P_w_salepft	模型Ⅲ 总资产周转率 P_w_assetcyc	模型Ⅳ 流动资产周转率 P_w_liqcyc	模型Ⅴ 百元成本利润 P_w_revcst
常数项 C	0.493 9 ** (11.491 0) (0.000 0)	0.222 7 ** (9.921 1) (0.000 0)	2.461 2 ** (11.190 2) (0.000 0)	3.570 7 ** (9.234 4) (0.000 0)	30.130 2 ** (9.481 4) (0.000 0)
批发商分销密度 (D_w_dtype)	-0.151 0 * (-2.318 0) (0.022 2)	-0.139 1 ** (-5.054 4) (0.000 0)	-0.004 1 (-0.013 2) (0.989 5)	-0.468 7 (-0.811 9) (0.418 5)	-23.924 8 ** (-5.943 7) (0.000 0)
零售商分销密度 (D_r_dtype)	0.006 2 (0.568 2) (0.570 9)	0.003 4 (1.092 3) (0.277 7)	-0.003 5 (-0.067 1) (0.946 6)	0.041 5 (0.417 9) (0.676 8)	0.424 0 (0.925 6) (0.357 2)
渠道集中度 (C_contrn)	-0.272 5 ** (-3.772 4) (0.000 3)	-0.088 0 * (-2.167 4) (0.032 9)	-0.453 6 (-1.318 7) (0.189 8)	-0.544 1 (-0.932 1) (0.353 2)	-11.896 6 * (-2.107 6) (0.037 9)
渠道价格差 (Pr_diff)	0.002 2 (1.360 7) (0.176 2)	0.002 2 ** (4.432 7) (0.000 0)	-0.012 2 (-1.552 0) (0.123 3)	-0.016 4 (-1.110 9) (0.268 9)	0.346 0 ** (5.396 7) (0.000 0)

估计参数	模型Ⅰ	模型Ⅱ	模型Ⅲ	模型Ⅳ	模型Ⅴ
	资产利润率 P_w_assetpft	销售利润率 P_w_salepft	总资产周转率 P_w_assetcyc	流动资产周转率 P_w_liqcyc	百元成本利润 P_w_revcst
零售商资产利润率（P_r_assetpft）	0.226 7 (4.589 4) (0.000 0)**				
零售商销售利润率（P_r_salepft）		0.197 4 (4.726 1) (0.000 0)**			
零售商总资产周转率（P_r_assetcyc）			-0.012 8 (-0.284 2) (0.776 8)		
零售商流动资产周转率（P_r_liqcyc）				-0.014 0 (-0.284 0) (0.776 9)	
零售商百元成本利润（P_r_revcst）					0.194 8** (4.709 7) (0.000 0)
是否支持理论假设 H_{1a}	支持	支持	不支持	不支持	支持
H_{2a-}	支持	支持	不支持	不支持	支持
H_{2b+}	不支持	不支持	不支持	不支持	不支持
H_{3a}	支持	支持	不支持	不支持	支持
H_{4a}	不支持	支持	不支持	不支持	支持

*表示在 0.05 水平下显著；** 表示在 0.01 水平下显著

表6-6 零售商财务绩效回归模型与参数估计

参 数	模型Ⅵ	模型Ⅶ	模型Ⅷ	模型Ⅸ	模型Ⅹ
	资产利润率 P_r_assetpft	销售利润率 P_r_salepft	总资产周转率 P_r_assetcyc	流动资产周转率 P_r_liqcyc	百元成本利润 P_r_revcst
常数项 C	-0.356 3** (-4.430 9) (0.000 0)	-0.141 0** (-3.556 6) (0.000 6)	1.939 4** (3.174 4) (0.001 9)	3.453 1** (3.808 0) (0.000 2)	-20.181 6** (-5.239 1) (0.000 0)
批发商分销密度（D_w_dtype）	0.289 4** (3.811 1) (0.000 3)	0.260 3** (8.919 1) (0.000 0)	-0.607 3 (-0.944 2) (0.347 0)	-1.691 4 (-1.555 0) (0.122 6)	32.904 4** (10.998 3) (0.000 0)

参　　数		模型Ⅵ 资产利润率 P_r_assetpft	模型Ⅶ 销售利润率 P_r_salepft	模型Ⅷ 总资产周转率 P_r_assetcyc	模型Ⅸ 流动资产周转率 P_r_liqcyc	模型Ⅹ 百元成本利润 P_r_revcst
零售商分销密度 (D_r_dtype)		-0.001 9 (-0.153 7) (0.878 2)	-0.008 1 (-1.185 9) (0.238 9)	0.035 0 (0.319 7) (0.749 8)	-0.050 2 (0.268 7) (0.788 7)	-1.401 1 (-1.606 6) (0.111 7)
渠道集中度 (C_contrn)		0.359 5** (2.756 5) (0.007 1)	0.145 5* (2.318 4) (0.022 7)	-0.157 7 (-0.229 1) (0.819 2)	-0.134 1 (-0.118 2) (0.906 1)	24.829 0** (4.466 4) (0.000 0)
渠道价格差 (Pr_diff)		0.003 7** (2.525 1) (0.013 4)	0.001 8* (2.367 1) (0.020 1)	-0.000 2 (-0.011 6) (0.990 8)	-0.005 9 (-0.210 9) (0.833 4)	0.198 9** (3.299 6) (0.001 4)
批发商资产利润率 (P_w_assetpft)		0.743 9** (9.453 3) (0.000 0)				
批发商销售利润率 (P_w_salepft)			0.668 0** (7.426 7) (0.000 0)			
批发商总资产周转率 (P_w_assetcyc)				-0.047 6 (-0.257 0) (0.797 6)		
批发商流动资产周转率 (P_w_liqcyc)					-0.049 7 (-0.289 4) (0.772 8)	
批发商百元成本利润 (P_w_revcst)						0.636 6** (7.535 6) (0.000 0)
是否支持 理论假设	H_{1b}	支持	支持	不支持	不支持	支持
	H_{2a+}	支持	支持	不支持	不支持	支持
	H_{2b-}	不支持	不支持	不支持	不支持	不支持
	H_{3b}	支持	支持	不支持	不支持	支持
	H_{4b}	支持	支持	不支持	不支持	支持

*表示在 0.05 水平下显著；**表示在 0.01 水平下显著

第一，渠道密度对批发商/零售商绩效的影响。批发商分销密度与其自身的利润率指标呈负相关关系（其中对百元成本利润的影响最大，回归系数为 -23.92），而与零售商利润率指标正相关（其中对百元成本利润的影响最大，回归系数为 32.90），该结论支持研究假设 H_{2a+} 和 H_{2a-}。然而零售商的分销密度与其自身和批发商利润率指标都不存在显著的相关关系，即研究假设 H_{2b+} 和 H_{2b-} 不能得到数据印证。

第二，渠道集中度对批发商/零售商绩效的影响。渠道集中度与批发商利润率绩效负相关（回归系数分别为 -0.27、-0.08 和 -11.8，支持研究假设 H_{3a}），与零售商利润率绩效正相关（回归系数分别为 0.36、0.15 和 24.8，支持研究假设 H_{3b}）。此时，它对三项利润率指标的影响力排序分别是：百元成本利润＞资产利润率＞销售利润率。

第三，渠道价格对批发商/零售商绩效的影响。渠道价格差（或价格的批零通过率）与批发商（除批发商资产利润率指标外）和零售商利润率指标都呈现显著正相关关系，也即如果"生产－批发－零售"的渠道价格差越大，批发商和零售商的利润率绩效将显著提高。因此数据支持研究假设 H4a 和 H4b。

第四，上/下游渠道成员绩效的相互作用。零售商和批发商利润率绩效存在显著的正向交互性作用，也即零售商（批发商）绩效改进的同时会促使批发商（零售商）绩效的提升。而且，相比零售商利润率绩效指标对批发商该项指标的作用效果（模型 II 和 V 中前者的系数估计值约为 0.2），批发商利润率绩效对零售商该项绩效的作用效果更大（模型 VI、VII 和 X 众前者的系数估计值普遍大于 0.6）。因此，数据分析支持研究假设 H_{1a} 和 H_{1b}。

6.4　本章小结

本章回答的主要问题是，相比于制造商或批发商，零售商是否真的获取了更多的渠道收益，并因此引起前者收益的减少？具体分两步进行论述，一是通过对食品批发商和零售商财务绩效的历史数据对比，初步反映出二者财务绩效的演变关系；二是通过借鉴"结构－行为－绩效"理论（SCP）方法，重点分析渠道结构（分销密度和渠道集中度）、渠道价格（"生产－批发－零售"价格差）变量对批发商和零售商财务绩效的作用机制。

6.4.1　主要结论

本章通过纵向历史数据和面板数据模型方法，观察比较批发商和零售商财务绩效相互关系及其影响因素，并得出如下主要结论。

1）零售商和批发商的五项财务绩效指标都表现出明显的增长趋势。与"渠道权力下沉观"通常假设渠道利益分配的预期（即零售商会获取更多的渠道利益）不完全一致，批发商财务绩效甚至普遍要优于零售商财务绩效，而大中型副食品零售企业更是长期处于较低的利润率水平（销售利润率不超过5%）。

2）批发商和零售商仍旧处于渠道"共赢"的利益分配关系阶段。这种渠道利益分配关系以批发商占优的倒 U 形态势发展，即早期批发商优势先扩大，随后批发商优势开始减少，尤其体现在流动资产周转率、总资产周转率和资产利润率三个绩效指标上。

3）渠道成员的财务绩效显著地影响其他垂直渠道成员，也即零售商（批发商）绩效改进的同时会促使批发商（零售商）绩效的提升。而且，相比零售商对批发商利润率绩效指标的作用效果，批发商对零售商在该项绩效指标的作用效果更大。

4）渠道成员分销密度一定程度上会影响自身和其他垂直渠道成员的财务绩效。其中，批发商分销密度与其自身的利润率指标呈负相关关系，与零售商利润率指标正相关；而零售商分销密度不存在上述效应。

5）渠道集中度对上/下游渠道成员的财务绩效具有不同作用效果。其中，渠道集中度越高，批发商利润率绩效越低，而零售商利润率绩效越高；而且渠道集中度对下列三项利润率指标的作用效果存在明显的大小序位关系，即"百元成本利润 > 资产利润率 > 销售利润率"。

6）渠道价格差与批发商和零售商利润率指标都呈现显著正相关关系，即如果"生产—批发—零售"的渠道价格差变大，批发商和零售商的利润率绩效将显著提高。

6.4.2 理论含义

通过文献综述和实证分析，初步引发了如下几点理论思考和探讨。

第一，渠道经济绩效和关系绩效的测量方法和分析工具略有不同，值得进一步比较或融合。对渠道经济绩效分析而言，能做出较准确判断的分析工具就有"结构—行为—绩效"理论（SCP）和交易成本经济学（TCE）。对渠道关系绩效的分析而言，相关探讨则更为开放和多样，常见的分析框架就有"资源观"（resource based）、承诺-信任理论（commitment-trust theory）、依赖理论（dependency theory）和关系规范理论（relation norm theory）等。尽管营销学者很早就建立了涵括经济绩效和关系绩效的分析框架，如斯特恩和莱福等发展的"政治－经济"分析框架（political-economic framework）（Stern and Reve，1980；Dwyer and Welsh，1985；Frazier，1999），然而系统地进行综合比较或融合的实证研究则极为少见。

第二，应注意区别和比较渠道经济绩效的测度和分析是基于渠道层面（channel level）还是基于成员层面（firm level），又或者是基于两者。就当前研究现状而言，同时考察两个层面的交互关系是最困难和少见的。这些困难包括如何分析计算总渠道和成员的经济绩效（前者对后者是简单绩效加总或者赋予一定权重关系）、集中度（一个成员总会在链条上下游环节同时产生多簇贸易流）和价格（批发商或制造商可能对零售商同时采用多种批发价格策略）等。尽管如此，有学者已经做出相关重要尝试，如 Lanier 等（2010）慎重地开发了渠道链集中度（chain concentration）的计算办法，同时考虑渠道链各个成员在其"主要客户"（main customer）的销售额与其总销售额的比值及权重；又如 Ingene 和 Parry（2004）详尽地考察了制造商/批发商的多种定价安排下的渠道绩效分配情形，包括两部定价（two-part tariff，2-PT）、垂直整合定价（vertical-integrated pricing，VI）、数量折扣定价（quantity-discount schedule，QD）、尖端斯坦伯格两部定价（sophisticated stackelberg two-part tariff，SS）和菜单式两部定价法（menu of two-part tariffs，M2-PT）。

6.4.3　管理学建议

因为产品市场的诸多差异性，如渠道结构或联结模式的不同、产品市场的价格需求弹性不同、国家/地区的政府规制或干预方式不同、经济发展阶段的不同以及文化价值的不同等，简单地断言"批退零进"是不可靠的。就 2008 年以前中国食品、饮料和烟草制品贸易行业而言，这种论断就未必有效，而"做大渠道蛋糕"和"分享渠道共赢"仍是该行业的主要特征。

第一，对批发商的管理建议。一方面，本章所讨论的大部分财务绩效指标中，批发商（H632）的数值都比零售商（H652）的高，批发商的优势尤其体现在反映企业生产力水平的总资产周转率和流动资产周转率方面，而在反映企业运作效率水平的利润率指标方面则不占太多优势。这说明，批发商更加应该在企业的资本结构上进行有利调整，提升企业自身的生产力水平，如合理安排应收账款、加快存货周转、健全现代化客户信息管理系统等。尤其是在进入 2008 年以后，零售商已经开始在流动资产周转率一项指标上有所突破，这正是对批发企业经理们的一次警告。另一方面，批发企业要改善自身的财务绩效水平，还需要在如下几个影响变量中找出路。例如，增大分销密度并不是一个提升绩效的好手段，这可能是因为批发商分销密度越大，其下一级代理商的经营权限越小，则导致批发价格管理复杂化、市场窜货和促销让利等水平渠道冲突彰显。此外，减小总渠道集中度、增加批发商集中度以及适当空间的渠道价格差战略等，将有利于改善批发企业的境况。

第二，对零售商的管理建议。尽管零售商（H652）的财务绩效在本章考察的行业和时段内并没有超越批发商（H632），但是其潜在的乐观形势基本比较明朗。首先，零售企业应该及时抢抓市场机遇。前文分析可知，自2002年这个重要跃变拐点开始，零售企业（H652）在一年之后（2003年）旋即进入快速增长轨道。而2006年以来，零售企业更是快速缩小与批发企业在大部分财务指标上的差距，2008年流动资产周转率指标甚至一举超越后者。这种改观，或许与中国加入WTO以及在三年过渡期之后全面放开零售市场竞争有着重要联系。其次，随着零售市场竞争的日趋白热化，非价格竞争应该成为零售企业保持优势的重要源泉。尽管可以得到制造商或供应商的大量促销让利，如有利的批零价格差、丰厚的入场费和广告赞助费等，但是这种促销让利更应该进一步让渡给消费者，通过改进管理方式和增加消费者促销活动，以提升消费者服务质量和满意度。最后，零售企业应该慎重选择主要供应商（主要批发商）并建立互惠互利的长期关系，因为批发商财务绩效将更大程度地影响零售企业的绩效水平。

第7章
农产品营销渠道效益分析

7.1 "生产者—中间商"效益分析

本节目的在于通过对蔬菜生产者的调查，了解蔬菜营销渠道，分析不同营销渠道的营销价差及成本，探讨影响生产者选择营销渠道的因素及对各种因素的重视程度。

7.1.1 数据来源

我们在武汉市 11 个农场的菜农中抽取样本户 100 户，由调查人员亲自访问农民。各农场的样本户数是按照农场中菜农的比例以分层随机抽样的方式确定。销售的蔬菜以各农场普遍种植的大宗蔬菜产品为例，单位换算折合以百斤为单位（100 斤 = 50 千克）。样本分布见表 7-1。研究方法则以 SPSS 统计软件将调查数据予以整理统计，利用描述性统计的频次和频率分析，估计各渠道的营销量比例、农民净得价格及营销成本。选择营销渠道主要考虑的因素，及其他影响渠道成员决策的因素等态度，则利用李克特式量表衡量，并分析平均数。

表 7-1 生产者调查样本户地区分布

农 场	样本数/个
走马岭农场	18
慈惠农场	5
安渡农场	14
新沟农场	4
三店农场	13
四新农场	4
武湖农场	3
乌金农场	3

农　场	样本数/个
荷包湖农场	16
银莲湖农场	7
汉南区农场	10
径河农场	3
合计	100

7.1.2　蔬菜的营销渠道分析

　　分析抽样调查生产者的蔬菜以内销为主，销售方式随农场而异，蔬菜出售给前来农场集货收购的蔬菜贩运商最多，占40.04%，在慈惠农场有高达86.58%的受访者以此方式销售。其次是委托批发商（行口）代卖，占32.96%，在安渡农场最多占59.68%的农民以此方式销售，走马岭、四新等农场中此方式也较为盛行。第三种销售方式为直销消费者，占12.44%，在新沟农场有多达34.44%的受访者自行直销。第四种销售方式为参加蔬菜协会或基地举办蔬菜展销和共同营销，占5.03%，以银莲湖农场占最多。而通过超市只占2.78%，通过零售商只有2.14%，通过果菜批发市场的占1.74%，其余有2.87%是馈赠亲友或自行加工，走马岭农场、武湖农场有少部分外销周边地区。各销售方式的平均售价以超市最高，直销消费者次之，营销费用也是以超市最高。

表 7-2　蔬菜销售状况

销售方式	比例/%	收购价/元	营销费用/元	净利润/元
贩运商	40.04	53.75	4.75	49.00
批发商	32.96	60.40	12.20	48.18
直销	12.44	94.65	11.23	83.43
共同运销	5.03	52.43	13.34	58.86
超市	2.78	98.34	13.52	84.82
零售	2.14	59.82	11.10	48.72
批发市场	1.74	53.00	7.70	45.30
其他	2.87	100.21	14.94	87.78

表 7-3　各产区销售管道的比例　　　　　　（单位：%）

地　区	销售方式							
	批发商	贩运商	共同运销	直销	零售	超市	批发	其他
新沟农场	2.52	45.05	16.27	34.44	0.22	0.62	0.00	0.90
走马岭农场	38.51	27.06	6.65	23.49	0.24	0.00	3.25	0.80
荷包湖农场	36.95	37.16	3.54	6.51	0.00	15.21	0.00	0.62
新华农场	39.94	32.86	0.00	13.36	9.18	4.57	0.00	1.08
三店农场	10.50	68.40	13.79	4.73	1.02	0.00	1.56	0.00
四新农场	1.69	77.70	15.85	1.20	0.00	0.00	3.56	0.00
银莲湖农场	0.00	43.10	55.10	1.80	0.00	0.00	0.00	0.00
慈惠农场	0.00	86.58	11.73	0.49	0.00	0.09	0.00	1.11
乌金农场	14.10	37.87	0.00	0.00	0.00	0.00	47.49	0.50
汉南区农场	41.26	26.79	13.75	16.37	0.00	0.00	1.20	0.63
安渡农场	59.68	16.07	10.82	2.12	1.22	1.99	0.00	4.92
径河农场	54.80	17.74	8.00	1.74	0.00	1.76	2.50	6.92

受访农户蔬菜的营销费用平均每百斤约需 17.58 元，其中包装费用的包装材料费（报纸、标签、保鲜膜等）及包装容器费（纸箱或纸盒）每百斤 7.46 元，即占了 42.43%，其次是包装工资，每百斤 3.93 元占 22.35%，运费每百斤 3.47 元，占 19.74%，其他项目如品尝试吃、冷藏租金等，每百斤 2.13 元，占 12.12%，手续费、水电费所占的比率则较少（表 7-4）。

表 7-4　蔬菜的营销成本

项　目	流通费用/元	比例/%
包装费用	7.46	42.43
材料费	1.61	9.16
包装容器	5.85	33.28
运输费	3.47	19.74
包装劳务费	3.93	22.35
服务费	0.21	1.20
搬运费	0.1	0.57
共同运销费	0.11	0.63
水电费	0.22	1.25
其他	2.29	13.03
合计	17.58	100.00

7.1.3 影响销售渠道选择因素分析

农民在销售蔬菜时具有多种的销售途径或渠道选择，作出选择决策时其考虑因素及重视程度存在差异。农民在选择销售渠道的考虑上，认为"购买者信用良好"最重要，可以解释为：农民最重视购买者在交易条件上的守信用程度（如价格、公平性、购买量等），能守信用表示不会在交货时讨价还价或拣货、甚至毁约。总体来看，农民选择销售途径或渠道时其考虑因素及重视程度，各测量值差异不大，平均数介于 3.70~4.61 分（表7-5）。

表 7-5　生产者选择现行营销渠道的考虑因素及重要程度

项　目	均　值	排　序
买者信誉	4.61	1
可靠性	4.48	2
公平性	4.32	3
价格高	4.18	4
质量	4.09	5
周转量	4.07	6
运输服务	3.95	7
个人关系	3.70	8

若不考虑销售渠道的差别，影响农民出售时数量多少的因素及重视程度，受访者认为"购买的人信用好坏"是决定销售蔬菜时首重的因素，与影响选择销售渠道重要程度看法一致，其次是"开价高低与否"、"市场供货情形"，表明农民相当注重根据市场的供需来调节出货，如表7-6所示。

表 7-6　生产者销售蔬菜时考虑因素的重视程度

项　目	均　值	排　序
买者信誉	4.57	1
价格	4.36	2
市场供给	4.13	3
季节和时间	4.10	4
购买量	4.08	5
其他蔬菜价格	3.72	6
存货	3.65	7

7.1.4 结论

本书调查的主要目的在于了解蔬菜的营销渠道，及对选择销售渠道的重要程度、销售量的重视程度。依本书结果提出以下的结语与建议：

1) 各销售渠道的售价以超市最高，每百斤98.34元，其次是直销消费者，每百斤94.65元，而售价最低的是共同营销，每百斤52.43元，以及果菜批发市场，每百斤53元，贩运商，每百斤53.7元。造成售价差异的原因是等级质量不同，因局限于各调查样本户的分级方法是依蔬菜甜度、着色、果穗大小等标准去分级，分级主要以特、优、良三种为主，也有销售给贩运商只分好、坏两级。分级方式主观不一致，无法依等级加以分析其售价与销售渠道的差异是本书最大的局限。

2) 生产者选择销售渠道的考虑因素，认为"购买者信用良好"最重要；在决定蔬菜的出售时机与出售量时，最重视的是"购买者的信用好坏"。

3) 经由调查结果了解，部分农民对于分级的观念仍未重视，尤其是习惯销售给贩运商及批发商的农民分级意识较欠缺，尚需通过农业推广和农产品营销培训体系，交流生产技术与灌输果农蔬菜质量管理观念。

4) 在销售上各渠道系取决于消费者的需求及产品质量，各渠道宜平衡发展，并再提升直销或通过超市销售的比例，以提升农民净得价格，并开拓网络营销、宅急配系统的销售。

7.2 "批发商—零售商"效益分析

为进一步弄清中国蔬菜流通现状，探讨降低流通费税、提高流通效益的对策，我们调查了武汉市主要蔬菜批发市场和零售市场，对武汉市各类蔬菜流通渠道、费税构成以及流通效益进行调查和分析，并提出相关对策建议。

本书以实地调查为主，选取了武汉市白沙洲农副产品大市场、皇经堂蔬菜批发交易市场、汉阳蔬菜批发交易市场3个典型批发市场和19个农贸市场为调查对象。白沙洲、皇经堂、汉阳3个批发市场分别位于武昌、汉口和汉阳"三镇"，其年蔬菜交易量分别占全市年蔬菜交易总量的48.06%、28.17%、7.74%，是武汉市蔬菜交易的主要组成部分。

为了便于数据收集，我们选取了13种大宗蔬菜产品，包括大白菜、辣椒、土豆、番茄、冬瓜、黄瓜、白萝卜、大葱、包菜、莲藕、四季豆、茄子、韭菜。这13种蔬菜包含叶菜、茎菜、果菜、根菜，年交易量之和占交易总量的48.6%，代表了武汉市蔬菜的主流。

武汉市蔬菜的流通费税，在批发经营环节主要包括运输费、包装费、搬运费和损耗等。在零售经营环节主要包括交易费、运输费、包装费、力资、摊位费、管理费和损耗等。

7.2.1 流通费用

（1）批发经营环节的营销费用

由于武汉市蔬菜的批发经营环节与零售经营环节所发生的费税项目存在差异，将其分为两部分考察。在考察武汉市蔬菜的流通费税结构时，基于省外外菜和省内外菜的运输费用构成的显著差异，将其分开统计，即根据来源将武汉市的蔬菜分为郊菜、省内外菜和省外外菜三种情况考察。对于这三种来源的蔬菜，各选取5种蔬菜的数据展开统计分析。结果见表7-7～表7-9。

表 7-7　武汉市主要郊菜批发经营环节的税费

菜名	收购价/(元/50kg)	批发价/(元/50kg)	购销差价/(元/50kg)	运输费/(元/50kg)	比例/%	包装费/(元/50kg)	比例/%	搬运费/(元/50kg)	比例/%	损耗/(元/50kg)	比例/%	净收益/(元/50kg)	比例/%
大白菜	6.25	18.75	12.50	3.50	28.00	0.60	4.80	0.50	4.00	1.48	11.84	6.42	51.36
包菜	4.00	16.00	12.00	3.50	29.17	0.60	5.00	0.50	4.17	0.96	8.00	6.44	53.67
番茄	31.50	44.50	13.00	3.50	26.92	0.60	4.62	0.50	3.85	1.12	8.62	7.28	56.00
莲藕	43.00	55.40	12.40	3.50	28.23	0.60	4.84	0.50	4.03	1.00	8.06	6.80	54.84
黄瓜	45.00	58.57	13.57	3.50	25.79	0.60	4.42	0.50	3.68	0.88	6.48	8.09	59.62

注：各项比例均指前项与购销差价的比值

表 7-8　武汉市主要省内外菜批发经营环节的税费

菜名	收购价/(元/50kg)	批发价/(元/50kg)	购销差价/(元/50kg)	运输费/(元/50kg)	比例/%	包装费/(元/50kg)	比例/%	搬运费/(元/50kg)	比例/%	损耗/(元/50kg)	比例/%	净收益/(元/50kg)	比例/%
大白菜	2.50	15.75	13.25	5.68	42.87	0.60	4.53	0.50	3.77	1.27	9.58	5.20	39.25
辣椒	53.00	67.50	14.50	5.68	39.17	0.60	4.14	0.50	3.45	1.25	8.62	6.47	44.62
莴苣	13.00	25.50	12.50	5.68	45.44	0.60	4.80	0.50	4.00	0.75	6.00	4.97	39.76
白萝卜	11.00	23.50	12.50	5.68	45.44	0.60	4.80	0.50	4.00	0.55	4.40	5.17	41.36
冬瓜	8.00	21.50	13.50	5.68	42.07	0.60	4.44	0.50	3.70	0.30	2.22	6.42	47.56

注：各项比例均指前项与购销差价的比值

表7-9　武汉市主要省外外菜批发经营环节的税费

菜　名	收购价/(元/50kg)	批发价/(元/50kg)	购销差价/(元/50kg)	运输费/(元/50kg)	比例/%	包装费/(元/50kg)	比例/%	搬运费/(元/50kg)	比例/%	损耗/(元/50kg)	比例/%	净收益/(元/50kg)	比例/%
大葱	32.00	65.70	33.70	17.10	50.74	0.60	1.78	0.50	1.48	10.25	30.42	5.25	15.58
小白菜	15.00	37.80	22.80	17.10	75.00	0.60	2.63	0.50	2.19	1.87	8.20	2.73	11.97
辣椒	37.54	67.50	29.96	17.10	57.08	0.60	2.00	0.50	1.67	2.32	7.74	9.44	31.51
黄瓜	32.55	58.57	26.02	17.10	65.72	0.60	2.31	0.50	1.92	1.04	4.00	6.78	26.06
土豆	19.00	44.50	25.50	17.10	67.06	0.60	2.35	0.50	1.96	0.38	1.49	6.92	27.14

注：各项比例均指前项与购销差价的比值

上表中，大葱、大白菜、包菜、辣椒、莴苣、番茄、莲藕、冬瓜、黄瓜、土豆10种蔬菜在本环节的损耗率分别为35%、12%、10%、4%~5%、4%~5%、3%~4%、3%~4%、3%~4%、1%~2%、0~1%，损耗均依据蔬菜各自的损耗率计算得到；运输费的情况见表7-10：

表7-10　武汉市蔬菜的运输费及其构成

运输费		运输里程/km	运输费/[元/(km·50kg)]	构成	比例/%
批发经营环节运输费	郊菜	0~100	0.043 8	耗油	45
				司机工资	55
	省内外菜	101~300	0.028 4	耗油	40
				过路费	10
				司机工资	50
	省外外菜	300以上	0.011 4	耗油	20
				过路费	50
				司机工资	30
零售经营环节运输费		0~100	0.052 0	耗油	45
				司机工资	55

统计中，将郊菜、省内外菜和省外外菜的运输里程分别设定为80公里、200公里、1500公里和80公里。零售经营环节与此相同。

（2）零售经营环节的税费

武汉市蔬菜零售经营环节的税费情况见表7-11~表7-13。

交易费为蔬菜交易额（蔬菜成交量×销售价格）的6%（武汉市各蔬菜批发市场的交易费均按交易额的6%收取）；摊位费、管理费为各农贸市场实际调查结果的平均水平，二者在零售经营商缴纳给农贸市场的总费用中所占比例分别为 65% 和 35%；大白菜、包菜、辣椒、番茄、冬瓜、土豆 6 种蔬菜的损耗率在本环节分别为 12%、15%、12%、5% ~ 6%、5% ~ 6%、4% ~ 5%、4% ~ 5%、4% ~ 5%、2% ~ 3%、1% ~ 2%。

（3）流通费税结构分析

在批发经营环节中，郊菜的运输费占购销差价的比例为 25% ~ 30%；包装费和搬运费所占比例均不到 5%；损耗所占比例在 10% 以下，叶菜较高。省内外菜的包装费、搬运费和损耗的情况差不多，运输费的比例上升到 45% 左右，与利润的份额基本持平。省外外菜的包装费、搬运费和损耗 3 项的比例较前二者有所减少，减幅为 2 ~ 3 个百分点；运输费的比例则进一步上升，达到 60% 以上，在购销差价中占据绝对主导地位。

在零售经营环节，三种来源的蔬菜各费税项目的情况大体一致：运输费占批零差价的比例为 10% 左右，较批发经营环节大为下降；交易费的比例一般在 5% 以下，部分批发价高的蔬菜可达 10% 以上；包装费、搬运费（力资）的比例在 1% ~ 3%；摊位费的比例不到 4%；管理费的比例为 2% 左右；损耗的比例在 10% 左右，叶菜较高。

总体而言，运输费作为流通费税的主要组成部分，在批发经营环节占三种来源的蔬菜的购销差价的比例随蔬菜生产地到武汉市蔬菜批发市场的距离的增加而上升，郊菜不到 30%，省内外菜 45% 左右，省外外菜 60% 以上，其变化直接导致了净收益反方向的变化；在零售经营环节运输费占批零差价的 10% 左右。损耗也是流通费税的重要部分，对于各种蔬菜损耗程度差异较大，一般占销售差价的 10% 左右，叶菜的这一比例尤其大。同时不难看出，损耗是引起流通费税差异的主要因素。在零售经营环节，交易费在流通费税中的份额较大，对于部分批发价高的蔬菜可高达 10% 以上。

（4）净收益状况

在批发经营环节，三种来源蔬菜的批发经营商的净收益相差较大。郊菜的净收益水平较高，占购销差价的 50% 以上；省内外菜的净收益占购销差价的比例为 40% 左右；省外外菜的净收益水平较低，占购销差价的 30% 以下，部分蔬菜甚至只占 10% 多一点。在现实蔬菜批发经营中，较郊菜和省内外菜，省外外菜的批发经营具有利润薄、销量大的特性。

在零售经营环节，零售经营商的净收益水平很高，一般占零售差价的比例在 60% 以上，部分蔬菜甚至高达 70% 多。在现实蔬菜零售经营中，零售经营的规模很小，且零售经营商的活劳动投入很大，其收益中很大一部分属于劳动报酬。

表 7-11　武汉市主要郊菜零售经营环节的税费

菜名	批发价/(元/50kg)	零售价/(元/50kg)	批零差价/(元/50kg)	交易费/(元/50kg)	比例/%	运输费/(元/50kg)	比例/%	包装费/(元/50kg)	比例/%	力资/(元/50kg)	比例/%	摊位费/(元/50kg)	比例/%	管理费/(元/50kg)	比例/%	损耗/(元/50kg)	比例/%	净收益/(元/50kg)	比例/%
大白菜	18.50	57.50	39.00	0.75	1.92	4.15	10.64	0.95	2.44	1.00	2.56	1.85	4.74	1.00	2.56	5.85	15.00	23.45	60.13
包菜	16.00	56.50	40.50	0.96	2.37	4.15	10.25	0.95	2.35	1.00	2.47	1.85	4.57	1.00	2.47	3.44	8.49	27.15	67.04
番茄	44.50	100.50	56.00	2.67	4.77	4.15	7.41	0.95	1.70	1.00	1.79	1.85	3.30	1.00	1.79	2.92	5.21	41.46	74.04
莲藕	55.40	102.30	46.90	3.32	7.08	4.15	8.85	0.95	2.03	1.00	2.13	1.85	3.94	1.00	2.13	3.43	7.31	31.20	66.52
黄瓜	58.57	103.50	44.93	3.51	7.81	4.15	9.24	0.95	2.11	1.00	2.23	1.85	4.12	1.00	2.23	2.18	4.85	30.29	67.42

注：各项比例均指前项指标与批零差价的比值

表 7-12　武汉市主要省内外菜批发经营环节的税费

菜名	批发价/(元/50kg)	零售价/(元/50kg)	批零差价/(元/50kg)	交易费/(元/50kg)	比例/%	运输费/(元/50kg)	比例/%	包装费/(元/50kg)	比例/%	力资/(元/50kg)	比例/%	摊位费/(元/50kg)	比例/%	管理费/(元/50kg)	比例/%	损耗/(元/50kg)	比例/%	净收益/(元/50kg)	比例/%
大葱	65.70	110.20	44.50	3.94	8.85	4.15	9.33	0.95	2.13	1.00	2.25	1.85	4.16	1.00	2.25	4.13	9.28	27.48	61.75
小白菜	37.80	78.60	40.80	2.27	5.56	4.15	10.17	0.95	2.33	1.00	2.45	1.85	4.53	1.00	2.45	3.46	8.48	26.12	64.02
辣椒	67.50	107.50	40.00	4.50	11.25	4.15	10.38	0.95	2.38	1.00	2.50	1.85	4.63	1.00	2.50	4.22	10.55	22.33	55.83
黄瓜	58.57	103.50	44.93	3.51	7.81	4.15	9.24	0.95	2.11	1.00	2.23	1.85	4.12	1.00	2.23	2.18	4.85	30.29	67.42
土豆	44.50	83.50	39.00	2.67	6.85	4.15	10.64	0.95	2.44	1.00	2.56	1.85	4.74	1.00	2.56	0.84	2.15	26.54	68.05

注：各项比例均指前项指标与批零差价的比值

表 7-13 武汉市主要省外外菜批发经营环节的税费

菜名	批发价 /(元 /50kg)	零售价 /(元 /50kg)	批零差价 /(元 /50kg)	交易费 /(元 /50kg)	比例 /%	运输费 /(元 /50kg)	比例 /%	包装费 /(元 /50kg)	比例 /%	力资 /(元 /50kg)	比例 /%	摊位费 /(元 /50kg)	比例 /%	管理费 /(元 /50kg)	比例 /%	损耗 /(元 /50kg)	比例 /%	净收益 /(元 /50kg)	比例 /%
大白菜	15.75	63.75	48.00	0.95	1.98	4.15	8.65	0.95	1.98	1.00	2.08	1.85	3.85	1.00	2.08	4.40	9.17	33.70	70.21
辣椒	67.50	107.50	40.00	4.05	10.13	4.15	10.38	0.95	2.38	1.00	2.50	1.85	4.63	1.00	2.50	4.22	10.55	22.78	56.95
莴苣	25.50	73.40	47.90	1.53	3.19	4.15	8.66	0.95	1.98	1.00	2.09	1.85	3.86	1.00	2.09	1.87	3.90	35.55	74.22
白萝卜	23.50	63.50	40.00	1.41	3.53	4.15	10.38	0.95	2.38	1.00	2.50	1.85	4.63	1.00	2.50	1.75	4.38	27.89	69.73
冬瓜	21.50	67.50	46.00	1.29	2.80	4.15	9.02	0.95	2.07	1.00	2.17	1.85	4.02	1.00	2.17	0.96	2.09	34.80	75.65

注：各项比例均指前项与批零差价的比值

7.2.2 流通效益分析

（1）流通费税水平与流通收益水平分析

下面以流通费税率（流通费税/纯销售额×100%）、销售净收益率（净收益/纯销售额×100%）和费税净收益率（净收益/流通费税×100%）3个评价指标来分析蔬菜的成本收益状况，计算结果见表7-14。

表7-14 武汉市蔬菜的成本收益状况

	菜　名	流通费税	净收益	纯销售额	流通费税率/%	销售净收益率/%	费税净收益率/%
郊菜	大白菜	21.63	29.87	51.50	0.42	0.58	1.38
	包菜	18.91	33.59	52.50	0.36	0.64	1.78
	番茄	20.26	48.74	69.00	0.29	0.71	2.41
	莲藕	21.30	38.00	59.30	0.36	0.64	1.78
	黄瓜	20.12	38.38	58.50	0.34	0.66	1.91
省外外菜	大白菜	22.35	38.90	61.25	0.36	0.64	1.74
	辣椒	25.25	29.25	54.50	0.46	0.54	1.16
	莴苣	19.88	40.52	60.40	0.33	0.67	2.04
	白萝卜	19.44	33.06	52.50	0.37	0.63	1.70
	冬瓜	18.28	41.22	59.50	0.31	0.69	2.25
省内外菜	大葱	45.47	32.73	68.20	0.67	0.48	0.72
	小白菜	34.75	28.85	63.60	0.55	0.45	0.83
	辣椒	38.19	31.77	69.66	0.55	0.46	0.83
	黄瓜	33.88	37.07	70.95	0.48	0.52	1.09
	土豆	31.04	33.46	64.50	0.48	0.52	1.08

武汉市蔬菜流通费税率的平均水平为42.2%，郊菜、省内外菜和省外外菜各自的流通费税率平均值分别为35.6%、36.6%、54.4%，郊菜和省内外菜较低，省外外菜较高。销售净收益率的平均水平为57.8%，郊菜、省内外菜和省外外菜三种蔬菜各自的销售净收益率平均值分别为64.4%、63.4%、45.6%，郊菜和省内外菜较高，省外外菜较低。费税净收益率的平均水平为147.2%，郊菜、省内外菜和省外外菜三种蔬菜各自的税费净收益率平均值分别为185%、177.8%、91%，郊菜和省内外菜较高，省外外菜较低，不到100%。

从三种来源的蔬菜来看，郊菜的流通费税水平最低，流通收益水平最高；

省内外菜的流通费税水平略高于郊菜，流通收益水平低于郊菜；省外外菜的流通费税水平较高，流通收益水平较低，而且与前二者相差较大。结合费税结构分析可知，造成三种蔬菜流通费税水平与流通收益水平差异的主要原因是距离武汉市蔬菜批发市场的里程不同导致的运输费的差异，另外还有经营主体获取的市场信息条件、商品周转时间等差异。

（2）购销差价对运输费的影响程度分析

运输费是蔬菜流通费税的主要部分，实际受人为因素影响较大，为了进一步弄清蔬菜流通过程中运输费对价格及流通效益的影响，基于运输费在批发经营环节对三种来源的蔬菜影响的差异性，对购销差价做运输费弹性分析。

运输费的购销差价弹性是在假定其他费税不变的情况下，计算运输费变动一定比例，引起蔬菜购销差价变动的百分比，用运输费变动的百分比与其引起的购销差价变动的百分比的比值表示。其计算公式，如式（7-1）所示。它直接反映了运输费对购销差价的影响程度，同时说明了运输费对流通效益的影响情况。

$$购销差价的运输费弹性 = \frac{购销差价的变动量 / 购销差价}{运输费的变动量 / 运输费} \times 100\% \quad (7\text{-}1)$$

表 7-15　武汉市蔬菜运输费的购销价格弹性

菜　名		运输费下降幅度/%	运输费下降金额/（元/50kg）	购销差价/（元/50kg）	购销差价下降幅度/%	运输费的购销差价弹性
郊菜	大白菜	10	0.35 元	12.50	2.80	0.28
	包菜	10	0.35 元	12.00	2.92	0.30
	番茄	10	0.35 元	13.00	2.70	0.27
	莲藕	10	0.35 元	12.40	2.82	2.82
	黄瓜	10	0.35 元	13.57	2.58	2.85
省内外菜	大白菜	10	0.57 元	13.25	4.29	0.43
	辣椒	10	0.57 元	14.50	3.93	3.93
	莴苣	10	0.57 元	12.50	4.56	4.56
	白萝卜	10	0.57 元	12.50	4.54	0.45
	冬瓜	10	0.57 元	13.50	4.21	0.42
省外外菜	大葱	10	1.71 元	33.70	5.07	5.07
	小白菜	10	1.71 元	22.80	7.50	7.50
	辣椒	10	1.71 元	29.96	5.71	5.71
	黄瓜	10	1.71 元	26.02	6.57	6.57
	土豆	10	1.71 元	25.50	6.71	6.71

注：为了数据计算和切合实际，假定运输费的变动方式为下降10%

从表 7-15 的分析结果可以明确看出：三种来源的蔬菜随着生产地到武汉市蔬菜批发市场的距离的增加，运输费的购销差价逐渐增大，郊菜的购销差价的运输费弹性平均不到 0.30，省内外菜的购销差价的运输费弹性为 0.40 ~ 0.45，省外外菜的购销差价的运输费弹性平均在 0.6 以上。这说明运输费对运输里程较长的蔬菜的购销差价的影响较为显著。结合表 7-10 对运输费结构的分析还可看到，过路（桥）费在中长距离运输的运输费中所占比例较大。

7.2.3 结论及建议

武汉市市场流通的蔬菜以外菜为主，其流通量占全市蔬菜流通总量的 60%，郊菜和市区菜农自产自销的蔬菜占蔬菜流通总量的 40%。武汉市蔬菜流通费税率的平均水平为 42.2%，销售净收益率的平均水平为 57.8%。与国内先进地区以及发达国家相比，武汉市蔬菜流通的效益较低。究其原因，主要在于武汉市蔬菜生产结构不尽合理，流通中运输费、损耗等费税过高以及中间经营商收益水平偏高等。下面针对武汉市蔬菜流通过程中存在的现实问题，提出降低蔬菜流通费税、提高蔬菜流通效益的具体建议。

（1）新建和扩展武汉市蔬菜生产基地

武汉市蔬菜需求对外菜的依赖性很强，而外菜的流通由于运输费太高，效率很低。根据市民需求状况科学规划，新建蔬菜生产基地或扩展原有的蔬菜生产基地能够加强武汉市郊菜的有效供给能力，从而提高武汉市整体蔬菜流通效益。

（2）规范的运输收费行为，降低运输费用

在蔬菜批发经营环节，运输费占购销差价的比例一般在 25% 以上，省外外菜甚至高达 60% 以上，而蔬菜流通发达的美国、日本等国家的这一比例一般只在 10% 左右。通过对运输费结构的分析可以看出，过路（桥）费在中长距离运输的运输费中所占比例较大是造成运输费过高的主要原因，可见交通运输收费行为亟待规范。同时通过购销差价的运输费弹性分析得知，运输费的降低对于降低购销差价，特别是省外外菜的购销差价作用十分明显。为此，更应该切实开通和维护好"绿色通道"，为蔬菜等鲜活农产品的流通提供更大便利。

（3）加强对蔬菜的包装、保鲜等经营辅助性服务

武汉市蔬菜运销过程中的损耗普遍较大的直接原因是蔬菜运销商对于蔬菜的整理、包装、冷藏等人工处理太少、效果太差。经营者应该加大对蔬菜经营辅助性服务的投入，提高服务质量，这不仅能够提高蔬菜流通的质量，而且有利于加强和保持蔬菜的价格优势。

（4）建立和发展菜农运销组织

在武汉市蔬菜流通过程中，很大一部分流通价值份额被中间商获得，菜农获利微薄。原因主要在于菜农的组织程度不高，谈判和交涉能力弱。政府应该引导菜农通过有效形式建立运销组织，以提高菜农的市场地位，降低其交易成本。

7.3 流通环节渠道效益分析

蔬菜从生产者转移到销售者过程中，既发生了价值增值和效用增加，也有成本费用的发生。图7-1显示了蔬菜在整个渠道流通过程中发生的价值增值过程。

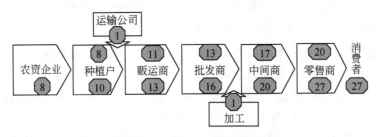

图 7-1 价值增值与分享：蔬菜营销价值链为例

注：因蔬菜单位价值太低，结合销售实际，图中蔬菜销售以百斤作为一单位

表7-16显示：无论从价差比例，还是最终价值的分享，零售商均占最大份额，其次是中间商、批发商和贩运商，这反映出零售商、批发商等渠道中介在整个价值链中的重要地位。[①]

表7-16 渠道链的价值增值与价值分享

参与者	为增值所作贡献	价差	比例/%	价值分享	比重/%
零售商	分销	7	25.9	136	18.7
中间商	配送	3	11.1	44	6.0
加工企业	加工、形式效用	1	3.7	32	4.4
批发商	储存、批量拆分	3	11.1	29	4.0
贩运商	集散、空间效用	2	7.4	40	5.5
装运公司	运输	1	3.7	21	2.9
种植户	种植、产品创造	2	7.4	75	10.3
农资企业	生产资料供应	8	/	351	48.2

---

① 关于渠道成员利益分配中的比例，有多种不同看法。有学者认为营销环节的渠道成员之所以占的比例大，是因为他们为农产品分销作出的贡献大；另有学者认为是由于他们相对于分散的种植户而言谈判力量大，处于强势地位。有学者专门分析过历年美国家庭每1美元中的食品花费结构，结果显示：中间商比例在逐年增大。

7.4 提高渠道效益的思路

为降低农产品营销成本和费用、提高和改进营销效益和效率，可以从以下几方面来考虑。

1) 从生产角度来看。第一，要提高生产和营销规模。生产规模是影响市场结构的原始力量，生产规模扩大后，生产者可以不通过集货程序，直接运到批发市场或超级市场销售，从而减少周转次数，缩短营销渠道。因为这种缩短的营销渠道建立在规模生产的基础之上，它不同于传统社会阶段生产者直接卖给消费者的情况，因而是有效率的。第二，进行营销技术革新。主要包括提高仓储能力和发展食品加工业，以减少损耗、增加农产品的供给。农产品多属于易腐品，其生产都带有明显的季节性和不均衡性，因此应通过仓储、运输和加工等手段来平抑和消除农产品供需间的矛盾。在生产旺季将部分农产品进行加工，也有利于延长农产品的保存时间，益于产品在时间和空间上的分配，也有利于保持市场价格的稳定、促进农民的增产意愿。第三，设立农产品分级制度，树立优质优价观念。传统的经济理论认为，农产品是"均质产品"，农产品市场最接近于"自由竞争市场"。然而，随着人均 GDP 的增长，人们对农产品品质的要求越来越高，使产销业者能够根据品质定价。在这种情况下，使农产品价格与品质相称是提高农产品营销效率的重要因素。因此，应当作好农产品产地分级工作，并将分级后的农产品予以分别包装，使同一包装内的品质相同。在分级的基础上，可以进一步树立起农产品的品牌。

2) 从消费方面考虑。主要是促进零售的现代化，即零售的规模化、标准化和超市化。零售阶段的营销成本大小至关重要，例如，在中国台湾农产品三级市场中零售市场成本可占营销总成本的50%~60%。只有大规模的农产品零售，如"大卖场"、超级市场，才可以直接从产地的大农户进货，或直接与农民共同营销团体合作。这种方式可大大降低营销成本，同时也迎合了消费者单站购物（one-stop shopping）的趋势。另外，建立农产品质量检测机制，有条件的地方对蔬菜、水果等易存在农药残留的产品实行上市产品出示合格证制度。

3) 从管理方面考虑。各个国家和地区对农产品营销都有介入，即使在自由市场经济国家也是如此，如英国、加拿大、南非等国采用运销协议（marketing boards），美国采用运销法令与协定（marketing orders and agreements），其目的都是要把农产品价格维持在一个合理的范围内。对我国来说，应考虑以下几个方面。首先，政府要健全市场体系。政府要制定完备的市场法规，提供完善的市场设施，建立配套的信息收集、资讯发布系统及发达的道路设施等。在市场体系建设中，最重要的是完善批发市场建设。政府对批发市场的通信和信息设施、人员配置、销售方法、卫生检疫以及维护市场合理竞争环境等方面都需要建立一套制度，这样才能充分发挥批发市场的功能，提供公平竞争的交易环境。其次，政府要辅导零售商扩大营业规模。对传统式、摊位式零售市场的兴建要予以适当限制，对超级市场进行辅助、奖励，从而使超市能与一般零售商贩竞争。最后，政府要进行农产品营销组织的创新。积极推进生产和流通的双向延伸和拓展，培育产销一体化的龙头企业，发展各种营销合作组织和社会化服务组织。

7.5 本 章 小 结

通过市场调查数据，对生产者、中介组织等渠道成员在农产品营销过程中的成本费用、效益等进行了分析。调查分析显示：零售商、批发商等渠道中介在整个价值链中处于主导地位，占有了大部分的渠道利益。这一看法符合关于渠道主导权对角线转移的理论。

需要说明的是：按照笔者的研究初衷，试图从效率、效益以及利益公平性等多个维度来测量和分析农产品营销渠道的绩效水平，但有于知识、视野、资源和研究条件等客观或主观因素的局限，使得关于农产品营销渠道的效率等其他维度的研究未能深入展开。

第 8 章
农产品营销渠道模式选择

8.1 农产品营销渠道模式的主要类型与特点

站在生产者角度（农户视角），概括起来，中国目前的农产品营销渠道模式主要有以下几种，各有其优缺点，目前处于各种模式并存阶段。

（1）"农户 + 市场"的直接渠道模式

小农户不通过任何环节直接进入农产品市场（主要是农贸市场或其他直接面向终端消费者的市场）的渠道称为"农户 + 市场"的直接渠道模式，该模式中农户与市场交易对象之间的契约关系较为松散。这种渠道模式是传统农业下农产品渠道的显著特征，小农户在这样的农产品渠道模式中既承担着生产者角色又承担着流通者的角色。虽然，这条渠道路径在绝大多数情况下是农户直接和消费者交易，没有中间环节，但由于消费者和小农户的双重分散性使得这种渠道模式无法承担农产品批量化的流通。此外，受到自身条件的限制（主要精力在生产、资金技术等相对缺乏），小农户既无理论可能也无实际可能让农产品实现大规模高效运转。这种渠道模式只是农产品流通最初级的形态，不符合以分工为特征的现代化农产品流通的要求。

（2）"规模农户（农场）+ 市场"的农户横向一体化渠道模式

由小农户通过的"横向一体化"手段而形成的具有一定规模的大户（农场）进入市场的农产品渠道模式称之为"规模农户（农场）+ 市场"的农户横向一体化渠道模式。由于该模式中大户（农场）具备一定的谈判能力，因此其与市场交易对象之间的契约关系表现为非正式契约约束的半紧密半松散。依赖要素契约而形成的规模农户（农场）通常具有一定的资金实力和市场眼光，不仅能够一定程度克服小农户直接与市场交易存在的弊端，而且也能使自己摆脱经纪人的控制，具有独特优势。然而，由于受制于中国特殊国情的制约（如法律不允许土地自由流转，也对农地租赁有较严格限制），规模农户（大户）很难成长为类似美国的超级农场，这种模式未来的发展受到一定的限制。

至于集体行动色彩浓厚的村组农户集合体，由于其组织相对松散而无法对其内部成员形成有效约束力，成员的搭便车和机会主义行为使得这种模式也不被看好。

国际经验表明，单纯依靠小农户自身的力量几乎不可能实现农业及农产品流通现代化的历史任务，而中国的农业又恰恰具有典型的小农经济的特征。因此，通过小农户之间的联合，变小农户的"小生产"为"大生产"就成为实现农业及农产品流通现代化唯一的道路。小农户通过横向一体化转变为"大户（农场）"就是"小生产"转变为"大生产"的一种重要形式，美国农业及农产品流通现代化的实现就是以大规模农场为显著特征。

小农户通过横向一体化转变为"大户（农场）"的路径主要依靠要素契约（如资金、技术等）来实现，其显著特点是规模化经营与运作。虽然短期来看，由于受到土地流转等政策约束以及维护农村安全稳定等政治约束，很难使我国的"小生产"能达到类似美国大农场那样的规模。但从长期来看，由于受到我国城镇化进程的逐步推进、农村人口红利的逐步丧失以及农业从业者劳动力的老龄化等趋势的影响，未来我国农村农业从业人口必将大幅度减少，这为农村土地的规模兼并进而为实现农业大生产和大流通提供了契机。因此"小生产"转变为严格控制规模的"农场（大农户）"的农业及农产品流通现代化路径成为一种可能。由于"规模农户（农场）＋市场"的农产品渠道模式和"农户＋市场"的渠道模式在进入市场的方式上具有一定的类同性，不同的只是"农户"与"规模农户"的差异，这两类渠道模式在本质是相似的，因此，在后面的实证研究部分将不讨论这一渠道模式。

（3）"农户＋经纪人＋市场"的贩运型渠道模式

农户通过经纪人（零售商）进入市场的农产品渠道模式称之为"农户＋经纪人＋市场"的贩运型渠道模式，该模式以经纪人（零售商）的贩运为特征，农户与经纪人之间的契约关系较为松散。小农户直接参与流通的天然缺陷，约束着农产品在更广阔的范围内高效流通，必然要通过更加专业的流通主体来实现，经纪人这一初级农产品流通主体便应运而生。农产品经纪人往往具有分散、贴近普通农户等特点，这一特点使得农产品经纪人能够深入到其他市场流通主体所不能到达的偏远的农村，也承担着我国大部分合作经济组织及龙头企业发育欠缺的农村地区的农产品集聚和流通功能。但由于经纪人大都只是体色彩浓厚、掌握一定市场信息的"二道贩子"，不仅规模较小，而且具有强烈的投机思想。

从我国当前农产品流通的现实看，由于种种原因，短期内我国的合作经济组织、龙头企业仍然只能覆盖一定的农村区域，所发挥的作用也相对有限，仍有相当数量的农户或自愿或无奈地通过批发商、零售商（经纪人）售卖农产品。从我国政府的宏观政策制度环境来看，批发市场和零售市场被政府视为除合作经济组织和龙头企业之外的一种重要的农产品流通形式的补充。以经纪人为主体的贩运型渠道模式也将长期作为我国农产品流通体系的重要补充。

（4）"农户＋批发商＋市场"的批发市场集散模式

农户通过农产品批发市场（主要是产地农产品市场）进入市场的农产品渠道模式称之为"农户＋批发商＋市场"的批发市场集散模式，该模式中农户与批发市场（批发商）之间的契约关系较为松散。这种模式的特点是批发市场收集主产地区的农产品进而进行大批量的区域转运，批发市场成为农产品的集散地。农户通过批发市场（批发商）进入市场是我国农产品流通的一条重要通路。在相当长的一段时间内，批发市场集散模式将会是我国农产品流通的主要模式。

（5）"农户＋合作经济组织＋市场"的合作经济主导渠道模式

农户通过各类合作经济组织进入市场的农产品渠道模式称之为"农户＋合作经济组织（合作社和协会）＋市场"的合作经济主导渠道模式。该模式的特点是农户自发组建的合作经济组织成为联结农户和市场的纽带，这种渠道模式在保障农户利益方面被寄予厚望。该渠道模式中合作经济组织对农户的约束主要依靠凝聚力，农户与合作社经济组织之间并没有正式契约的约束，表现为半紧密半松散的契约关系，农户存在"敲竹杠"的可能。

一般而言，合作经济组织包含农民专业合作社和农村专业技术协会。根据我国《农民专业合作社法》，农民专业合作社是在家庭承包经营的基础上，同类产品生产经营者或者同类农业生产经营服务的提供者、利用者，自愿联合、民主管理的互助性经济组织，而后者主要是指这样一类组织，在家庭承包经营的基础上，由农民自愿加入、民主管理，围绕某种特定产品的生产经营，将满足农民的技术需求为主要职能并且随着组织的发展其职能逐步向产前、产后服务延伸，旨在改善生产经营质量、增进农民利益的合作经济组织。从性质上来看，前者属于互助经济组织、具有盈利性且组织形式紧密；而后者属于非营利性社团组织，组织形式松散。从组织功能上看，这两类合作经济组织都承担着农产品流通的职能；从当前我国农产品流通的现状看，这两类合作经济组织都在我国农产品流通中发挥着主要的作用，是我国农户组织化的主要形式。从国际农业及农产品流通现代化的历程看，以农户之间合作为主要特征的合作经济组织是推动农产品流通现代化的主要力量和组织形式。

尽管发达国家和地区在农业现代化的进程中，在理论和实践上曾有过小农户是否有存在的必要的争论，但日本、荷兰以及我国台湾地区等以小农户、小生产为主要特点的国家（地区）的农业现代化经验表明，农业现代化并不一定以消灭小农户和小生产为代价，相反这些国家（地区）都是在小农数量众多甚至是小农遍地的情况下实现了农业现代化。但是，仅仅依靠小农户自己力量也很难担负起农业现代化的重任，因此小农户的合作，这种被认为是小农户为适应现代化大市场的"自救"行为就被寄予厚望。事实上，无论是以农业化大生产为特征的美国农业及农产品流通现代化模式，还是以小农户、小农业为显著特征的日本农业及农产品流通现代化模式，包括以农业特征介于以上两者的法国、德国农业及农产品流通现代化模式，其现代化的实现道路都无一例外的都是通过推广农民合作社并建立完善的农业社会化服务体系实现了农业产业化，进而实现了"小农业与现代化大市场"的对接，完成了农业现代化的历史任务。

由于小农户、小生产的先天缺陷（如普遍文化水平有限、科技应用不足、无法抵御自然和市场双重风险等），单靠小农户自身的"抱团自救"行为很难适应具有现代商业意识的"大市场"，这也是为什么我国的农业合作经济组织经过了近三十年的探索和发展仍然未能完成农业现代化的重要原因。因此，本研究认为在小农户"抱团自救"的基础上，政府应该在宏观政策和制度上为小农户的这种"创举"营造良好的政策制度环境，为农户的自我选择保驾护航。我国各级政府从 20 世纪 80 年代初以来对农村专业技术协会的大力支持以及 2007 年《农民专业合作社法》的颁布实施等都是政府对小农户为适应现代化"大生产"而做的巨大努力。因此，应积极发展具有互助、合作色彩的合作经济组织，推动以专业合作组织为载体的合作型流通的发展。

（6）"农户＋龙头企业＋市场"的龙头企业带动渠道模式

农户通过龙头企业进入市场的农产品渠道模式称之为"农户＋龙头企业＋市场"的龙头企业带动渠道模式，该模式中农户与龙头企业存在紧密的契约关系。这种模式的特点是通过农户与龙头企业签订合约的方式，充分发挥龙头企业市场上的优势，进而带动农户参与农产品流通。

一直以来，龙头企业（包括农产品加工企业和服务企业）是各级政府所大力推崇和鼓励的农业产业化的主要形式。这种形式带有很强的契约性，通常是龙头企业与农户签订明确双方权利和义务的以远期交易价格为核心的农产品收购合约，农户根据合约安排组织生产，企业按照合约收购农产品，对农户来说具有规避价格风险和销售风险的功能，对企业而言则有减少交易成本和分散经营风险的实惠，为双方互动产生正向协同效应提供了制度安排。但这种农产品渠道模式却存在一些显而易见的问题：如合约对双方的约束力不强；合约的执行成本、监督成本较高；对资本色彩浓厚的龙头企业如何约束以保障农户的利益等。因而，"农户＋龙头企业"的农产品渠道模式能否承担我国农业及农产品流通现代化的重任引起了学术界和政府层面的较大争议。

作为弱小的农业生产和流通的主体，农户与资本色彩浓厚的龙头企业的合作更多的并非出自农户的自愿行为，农户与龙头企业的合作形式主要是在政府的推动下开展并推广的。一直以来，龙头企业都获得了政府的大力支持。相较于龙头企业，在《农民专业合作社法》出台之前，"合作化"的合作经济组织在农户与市场对接中的所发挥的作用并不明显，主要的原因在于其较少得到政府的关注和政策支持。

长期以来，中央和各级地方政府都积极支持龙头企业在农业产业化中的重要作用，并把龙头企业作为农户参与市场的第一选择。2000～2005年，中央政府投入了共119亿元来扶持国家级的龙头企业。各级地方政府也都给予了龙头企业巨大支持。尽管"农户＋龙头企业"的这种组织形式的发展前景和实际起到多大作用尚不明朗，认识上还存在分歧，但从各级政府政策导向上和农业产业化的现实上看，农户通过与龙头企业这类市场流通主体的合作仍然是现阶段我国农产品流通的主要模式。

（7）农产品流通的其他模式

除了传统的农产品渠道模式外，还存在其他农产品的渠道模式，如旨在缩短农产品流通环节的"农超对接"、"农社对接"模式；具有平抑市场风险的农产品期货模式，以农产品分级、标准化和品牌为基础的农产品拍卖模式；利用现代互联网的农产品电子商务模式等。这些模式中农户与交易对象具有相对紧密的契约关系。

应积极鼓励借助于现代信息技术创新农产品的流通方式，特别是在农户缩短农产品流通环节、提高流通效率的方面的探索和尝试。还应积极鼓励探索建立农户与消费者衔接有效、灵活多样的农产品渠道模式，积极鼓励和支持契约农业的发展，推进农户（合作社）与超市、宾馆饭店、学校和企业食堂等直接对接。积极支持保障有条件的农户（合作社）在城市社区增加直供直销网点，活跃农户与消费者的联结方式。还应积极鼓励农户开展农产品期货、拍卖及农产品电子商务等新的流通方式的努力，但由于单个农户几乎没有能力独自进行类似尝试，大都是借助其他市场流通主体（如合作经济组织、龙头企业等）所开展。限于篇幅，本研究暂不探讨农户参与农产品期货、拍卖及农产品电子商务模式，而只选取"农超对接"这一农户与现代零售企业的直接对接的农产品渠道模式进行分析，尤其是分析"农超对接"渠道模式中合作社与农户的利益关系。

8.2 市场化的农产品营销渠道体系及其特征

市场化的农产品流通体系刻画的是当前的我国农产品流通系统，该流通体系是以农户、适度规模大户及其他农业者为生产主体，以批发市场、龙头企业、合作经济组织、贩销大户为主体的流通以及农户直销等广泛参与，"农超对接"、农产品期货市场和电子商务等新型渠道模式为补充的农产品流通体系。

当前我国主流的农产品渠道体系，其主要特点是：农户、适度规模的大户及其他农业生产者是当前我国市场化的农产品流通系统中的主要农业生产者。规模小且分散的农户是当前我国农业生产的主体，具有弱势、抗风险能力差、与大市场对接不畅等突出的问题；适度规模农户虽在很多地方都有所尝试，但由于缺乏法律支撑、社会资本不愿进入以及政府部门的积极性等原因，在全国范围内规范开展还有较大的障碍。因此，改善小农户规模小、分散等弱势地位，开展适度规模的农业生产，重点解决"小农户"与"大市场"对接等问题是未来改善我国农产品流通现状的重要方向。

以批发市场、龙头企业、合作经济组织、贩销大户为主体的流通以及农户直销是当前市场化的农产品渠道体系的主要方式。批发市场是当前我国农产品流通的主渠道，产地批发市场和销地批发市场分别承担着主要农产品的集散和贩销任务，其通过农产品的运销商相连接或直接对接。产地批发商还负责向龙头企业（农产品加工和销售企业）提供农产品；销地批发商的农产品来源则呈现出多样化的特征，龙头企业、合作经济组织、运销商、产地批发商以及贩销大户都可能为其提供农产品。龙头企业（主要是农产品加工和销售企业）的农产品的来源主要是农户、合作经济组织以及产地批发商，而后向销地批发商和销售终端提供农产品。合作经济组织是农户的自我联合体，其农产品主要来源于农户，并向龙头企业、运销商、销地批发市场以及销售终端均提供农产品。农产品的贩销大户（经纪人）主要是收购农户的农产品而后向销地批发市场或直接向销售终端提供。

"农超对接"、农产品期货市场和电子商务等新型农产品渠道模式在我国农产品流通体系中还仅仅停留在尝试阶段。自2008年底以来，农业部和商务部发布了多个文件推动"农超对接"由局部试点到在全国全面铺开，成为政府高层推进农产品流通现代化的一项主要举措。"农超对接"就是着眼于通过提高农民的组织化程度和减少中间环节实现提高农民收入、强化农产品质量安全控制和增加消费者福利等多种政策目标。但受制于合作社的发育程度、超市及农户的积极性、地方政府的支持力度等多方面的影响，"农超对接"仍然在实施的广度和深度上仍有待进一步拓展，促进其成为我国农产品流通现代化的一种主要方式。农产品期货市场和电子商务在我国现阶段农产品流通中还仅仅是停留在小范围的尝试阶段，并未大规模的推广应用。推进农产品期货市场和电子商务的发展对推进我国农产流通现代化的进程意义重大。

8.3　现代化的农产品营销渠道体系及其特征

农产品流通体系未来的发展方向应该是以新兴农户、适度规模农场及其他现代化的农业生产者作为农产品生产主体，以现代化的专业农产品批发市场作为农产品流通主渠道、组织化的农产品流通主体为主要特征、农产品贩销大户（经纪人）为必要补充，并辅之以存储、加工、配送物流中心、电子结算、信息处理中心、电子商务系统等专业、完善的现代化农产品流通支持系统的全方位的、现代化的农产品流通系统（如图 8-1）。现代化的农产品流通系统是具有中国特色农产品流通系统未来的发展方向，具有以下突出的特征：

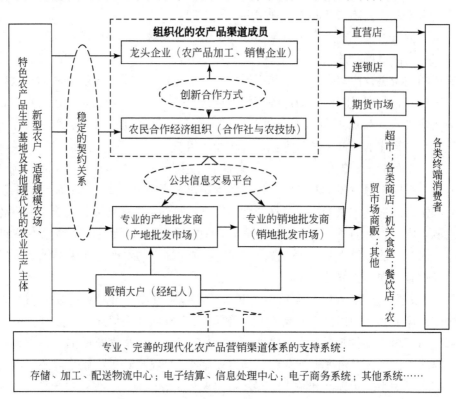

图 8-1　现代化的农产品营销渠道系统示意图

第一，现代化的农产品流通体系中的农业生产者已不再是传统意义上分散、弱质的小农户，而是由新兴农户、适度规模农场、特色农产品生产基地及其他现代化的农业生产主体所组成的多样化的农业生产者。新型农户应是具有较高的文化素质、专业素质以及现代商业意识的知识性农户。适度规模农场则是在确保家庭经营这一我国农业基本经营制度的基础上，根据地方特点引入适量社会资本，在"有偿、可控、适度"等原则下推行土地承包经营权流转所发展起来的专业大户、家庭农场。其他现代化的农业生产主体主要是排除以上两类生产者的其他现代化的生产者，如有些超市建立的农产品生产基地、组织较为紧密的农民合作经济组织等。具有现代特征、多样化的农业生产者能够保证其与各个农产品流通主体之间的契约稳定性，农产品流通主体之间契约的完善与稳定是现代农产品流通系统的主要特征。

第二，现代化的农产品流通系统仍然以现代化、专业化的农产品批发市场为主要的农产品流通渠道。由于各地自然资源禀赋存在很大差异由此造成优势农产品的生产带有很强的地域性特征，加之我国幅员辽阔，农产品的消费也具有显著的分散性。主要农产品的生产和消费的分散性以及城乡二元经济结构，使得粮食主产向粮食主销区运送、"南菜北运"、"西果东送"等主要的农产品跨区域转运成为我国农产品流通的常态。因此，坚持以现代化的农产品批发市场为主渠道的农产品流通体系是保障我国农产品流通现代化的实现，以及促进整个国民经济发展的必然要求。

现代化的农产品批发市场不仅仅是之前传统意义上的批发市场，而是用现代商业意识、先进技术以及完善的政策经过改造升级而成的现代农产品批发市场。首先，批发市场与现代农业生产者之间建立长期、稳定的契约以保证农产品大量、长期交易的稳定性，从而弱化农产品流通的市场风险。其次，在政策支持下，批发市场的升级改造，特别是批发市场的信息化建设以及加工、储藏、物流配送中心等基础设施建设促进传统批发市场加快转向现代化的批发市场。第三，现代化的农产品专业批发市场不仅仅和现代农业生产者之间有农产品的交易关系，更为重要的是和组织化的农产品流通主体（主要的合作经济组织和龙头企业两类流通主体）无缝对接，通过公共信息交易平台实现农产品物流、信息流、资金流的便捷交换。第四，现代化的农产品专业批发市场不仅仅与超市、各类商店、机关食堂、餐饮店、农贸市场商贩等终端流通主体对接，还特别的要涉足农产品期货市场，充分发挥农产品期货市场在平抑农产品市场风险等方面的职能，真正使农产品批发市场适应现代农产品流通体系的要求。

第三，组织化的农产品流通主体是现代化的农产品流通系统的主要特征。

西方发达国家和地区农产品流通现代化的实践表明，提高农户的组织化程度是促进农户融入现代农产品流通体系的通行做法和良好经验。在我国的特殊国情下，龙头企业和合作经济组织是国家层面推动农业产业化发展而提高农户组织化水平的"顶层设计"。这两种尝试在中国农产品流通的历史演变过程中都取得的一定的成效，但也都存在一些问题。

鼓励这两类农产品流通组织的发展，并探索和创新这两类组织的有效联合以取长补短。具体的做法如下：一是在对龙头企业加强监管的基础上，鼓励龙头企业领办或参与创建各类合作经济组织；二是支持各类合作经济组织创办或参与龙头企业，可以通过合作社与龙头企业的投资入股、产权置换等方式来实现，实现这两类组织的深度融合；三是鼓励两类组织采取股份分红、利润返还等形式将收益向对方组织返还一定比例，以强化两类组织的合作。

组织化的农产品流通主体通过现代化的农产品流通系统中的公共信息交易平台与专业化的农产品批发市场对接，可以大大提高农产品批发市场的运营效率。此外，组织化的农产品流通主体不仅与超市、各类商店、机关食堂、餐饮店、农贸市场商贩等终端流通主体对接，更为重要的是，可以大力开展农产品直营店和连锁店，提高农产品流通的标准化程度、缩短农产品流通环节和提高农产品流通效率。还要特别鼓励两类组织化的农产品流通主体利用农产品期货市场开展套期保值，进行农产品流通的风险管理，促进农产品流通组织向现代企业化运营方向发展。

第四，农产品贩销大户（经纪人）是现代化的农产品流通体系的必要补充。尽管现代化的农产品流通系统中，农产品批发市场和组织化的农产品流通主体覆盖了绝大部分农产品流通的通路，但是仍然需要贩销大户（经纪人）作为现代农产品流通体系的有力补充。

第五，专业、完善的农产品流通配套系统是现代化农产品流通体系的重要支撑。现代化的农产品流通体系离不开一些农产品流通基础支撑系统配合，如农产品存储、加工、配送物流中心，农产品的电子结算、信息处理中心，农产品电子商务系统以及其他现代化农产品的信息系统。

8.4 农产品营销渠道模式的选择

（1）交易成本是影响农户农产品渠道模式选择的重要因素

1）就交易成本的节约角度看，农户组织起来进入农产品流通渠道的模式（即合作经济组织主导的农产品渠道模式）更有利于保障和提升农户的利益，但不同的组织化形式（如合作经济组织与龙头企业）又体现着交易成本上的显著差异性。计量模型的结果显示，基于交易成本各维度的综合考量，相较于"农户+市场"的渠道模式而言，能有效降低交易成本的农产品渠道模式由低到高依次为农户+合作经济组织（包含合作社和农技协）、农户+龙头企业、农户+批发市场、农户+经纪人。

2）农户自身的特征对农户的农产品渠道模式选择具有显著影响，但不仅农户特征的不同方面对农户渠道模式选择的影响不同，而且农户特征也表现出对不同渠道模式的影响程度不同。

3）交易成本是影响农户农产品渠道模式选择的主要因素，但对于不同的农产品渠道模式而言，信息成本、谈判成本、执行成本和运输成本表现出不同的影响力。

4）从交易成本角度看，农户以"抱团"形式进入市场更有利于改善农民利益，特别是农户合作色彩浓厚的合作社交易模式，在其他农户利益的诉求上比其他交易模式表现的更加出色。因此，从节约交易成本的角度看，农户选择农产品渠道模式的优先序是：合作社或农技协＞龙头企业＞批发市场＞经纪人＞农户直销。

总体来看，交易成本显著影响了农户的绩效，不仅交易成本对不同农产品渠道模式中农户绩效的影响不同，而且交易成本的不同维度对农户绩效的影响也存在显著差异；不存在显著优于或劣于其他农产品渠道模式的渠道模式。不同农产品渠道模式在交易成本对农户绩效的影响上各有优劣势，这从侧面证明了当前多种渠道模式并存的合理性。

（2）不同农产品渠道模式中农户的福利存在显著差异

根据周应恒（2003）、黄祖辉（2004）等的实证研究，通过对不同渠道模式中农户福利的模糊指标评价结果显示，不同农产品渠道模式中的农户福利水平具有较为显著的差异，本研究所考察的六类农产品渠道模式中，农户总体福利水平处在三个显著不同的水平上："农户+市场"和"农户+龙头企业+市场"的渠道模式中的农户福利处于较低的水平上；"农户+批发商+市场"和"农户+经纪人+市场"的渠道模式中的农户福利水平处于模糊的福利状态；而"农户+合作社+市场"和"农户+农技协+市场"的渠道模式中的农户福利水平处在相对较高的福利水平上。

（3）允许多种农产品流通渠道模式并存

鼓励农户主体选择或政策外推或主体选择与政策外推联合作用的各种农户提升自身组织化程度的各种探索，积极构建良好的政策制度环境，并要保持政策的连续性和包容性。特别要鼓励农民合作经济组织的发育和发展，充分发挥其在农产品流通现代化的作用，但同时也要加强对农民合作经济组织的监管，以便其职能能够充分发挥。审慎对待其他形式的农产品交易模式，这些交易模式在一些地区，在短时期内仍然有其巨大的发展空间和作用，因此应给予其发展现状以充分的包容，而不应"一刀切"，应由市场这只"看不见的手"来决定，也就是通过市场机制优胜劣汰，来加以调节，让效率低下的渠道模式退出农产品流通体系。

（4）"农超对接"这种缩短中间环节的农产品渠道模式有较大的改进空间

"农超对接"缩短中间环节，有利于降低交易成本，目前这种模式在农产品营销实践中受到关注，也对整个农产品流通渠道带来的积极影响。政府部门也在政策上给予了支持，鼓励和推动"农超对接"在更大范围内的扩展；但"农超对接"这种缩短中间环节的农产品渠道模式有较大的改进空间。

第9章
主要结论、建议与对策

9.1 研究结论评述

9.1.1 渠道结构与渠道绩效

（1）农产品营销渠道结构是影响渠道绩效的关键因素

选择合适的渠道结构有助于提高渠道绩效。正确的渠道结构必须符合几个重要标准：①能有效满足目标市场对于服务产出的需求。②在满足服务产出需求的同时，能将渠道流尽可能分派给最低成本的渠道流执行者，以达到总体渠道成本的最小化。③渠道管理者选择了能够并乐意高质量、按时间完成指定渠道流的中介。④渠道内的报酬系统坚持公平原则，从而使渠道内各个成员有尽最大努力的持续动力。

1）渠道长度：渠道长度决定是否需要营销中介以及选择何种中介来分销产品。按照专业化分工的观点，选择中介组织有利于提高渠道效率，但是渠道长度过长、环节过多则会降低渠道绩效：一是当存在冗余的且不创造任何价值和效用的渠道环节时，会使得渠道成本和费用虚增；二是环节多且不进行任何形式的联合或者联盟，会增加交易费用，从而抵消因为专业化带来的效率提高，最终导致渠道整体绩效降低。① 因此，交易费用和专业化效率之间存在一个边界。一个理想的渠道长度应该符合科兰关于零基渠道的假设，即不存在多余的渠道环节，各渠道环节中在服务产出相同的情况下具有成本耗费低、渠道效率高的共同特征。

---

① 需要说明的是，目前营销界和渠道实践中存在关于非中间化和再中间化的争论。关于渠道环节少则效率高的一个反例是在我国实行农产品直销，笔者认为这主要是在渠道主体不健全的情况下，由于从事种植业的农户不具备专业的农产品营销技能，且一对一的销售方式增加了与消费者的接触次数和成本，导致分销效率低下，非"渠道环节少"之过。我们的看法是：渠道长度长或短、环节多或少，为消费者提供的服务产出是有差异的，比较的标准不同其结论也会有差别。

2）渠道密度：渠道密度决定同一层级的渠道成员数量，从渠道效率的角度来看，指定足够多的营销中介来覆盖市场是重要的，但同层级的渠道成员数量过多会产生恶性竞争导致普遍的利润率低下，最终降低渠道绩效。

3）渠道宽度：渠道宽度决定是采用单一渠道还是选择多元化渠道，多元化的渠道有利于农产品快速分销，这一点在目前中国农产品买方市场情况下具有重要意义，采用多元化渠道能弥补单一渠道的不足并化解经营风险。至于多元化渠道在分销过程中产生的渠道协调方面的冲突则可以借由市场机制来调节。

总之，渠道结构与渠道绩效之间存在正向的间接关系。这说明，农产品生产企业、批发商及零售商等渠道成员可以通过设计、选择和调整渠道结构来提高其渠道绩效，也就是说，对于处于转型经济中的农产品营销渠道组织来说，建构理想的渠道结构应该是其提高渠道绩效的关键。

（2）渠道职能是渠道绩效的重要因素

渠道履行过程实质是耗费营销成本、创造渠道服务产出、效用增加和价值增值的过程。成本耗费与效用增加的消长决定了渠道是否具有效率。渠道职能被渠道成员以最低的成本来履行；渠道职能在渠道成员间的迁移相应会带来渠道利润分配格局的变化。理想的情况是，渠道成员承担的职能、所作出的贡献应与获得的利润分配相当，即每一个渠道成员要分享渠道利润必须要对产品在流通过程中的价值增值作出贡献。

另外，渠道职能的划分和履行对渠道绩效有影响。高绩效的渠道模式必需的要件是：履行这些职能的渠道成员应是高效率的且是专业的，如果自身不是履行职能的专业化组织，则将这些职能转给专业化组织来履行，以提高流通效率。

（3）渠道协同是渠道结构成功实施的关键环节

渠道结构对渠道绩效无直接影响，必须通过渠道协同和渠道职能才会对渠道绩效产生间接的正向影响，这是本书的一个极为重要的结论。它说明，渠道协同和渠道职能是渠道结构实施过程中的关键环节。一个企业在实施渠道结构时，必须重视渠道协同，通过采取协调一致和协作配合来共同创造消费者所需要的价值和效用，而且面对变化中的消费者需求也能通过渠道成员的信息传递及时进行调整渠道服务产出以更好适应消费者。忽视渠道协同和渠道职能两者中的任何一个环节，都不能实现其提升渠道绩效的目的。因此，单有理想的渠道结构而缺乏渠道成员间的配合和对渠道职能的合理安排，农产品营销渠道组织的绩效目标将难以实现。这为渠道一体化提供了一个解释。

（4）渠道结构、渠道职能、渠道协同的良性互动会形成一种渠道竞争力

按照波特关于价值链的观念，这种渠道竞争力能适应环境的变化而不断加以调整。渠道结构决定了渠道成员各自在渠道体系中扮演何种角色，承担何种职能；渠道协同兼顾考虑专业化和分工的需要，又能通过合作和一体化降低交易费用。要实现产品从生产者经过分销商到达消费者手中的平稳过渡，就必须协调好生产者与分销商之间的关系，真正做到生产者与分销商之间的"无缝"连接。

9.1.2 渠道绩效与外部影响因素

渠道绩效与经济发展和政府政策等因素有关。

1）经济发展水平提高，会推动渠道环节缩短，有助于提高渠道绩效以及服务产出水平。而消费水平的提高，有助于推动流通业的升级，促进渠道绩效的提高。

2）政府对农产品营销渠道体系的宏观管理，有助于促进渠道整体绩效的提高。政府通过加强农产品流通体系建设，规范市场秩序，有助于促进农产品高效畅快流转，实现农民增收和消费者降低食品支出，保护农民利益和提高消费者福利；加强对农产品质量安全的监管，构建安全有质量的农产品消费环境，有助于提高消费者的安全效用等等。这些措施有助于从整体上提高农产品营销渠道的效率、效益和公平性。

外部社会经济因素不仅影响农产品营销渠道绩效，也对渠道结构的变化产生影响，已经成为驱动渠道结构演变的重要力量。

通过回顾我国农产品渠道结构在各个时期内发生的历史变迁可以发现，其渠道结构的关键性变化总伴随外部社会经济因素的变化，更是源于渠道系统外部多种宏观社会经济因素的塑造。这些主要的外部社会经济变量包括经济发展水平、运输条件、城市化率、消费结构、外商投资、公共政策等。

作为营销渠道最重要的构造属性之一，渠道结构的变化尤其能够表现出产业市场的交易活动和规律特征。主要农产品市场，如蔬菜、水果、水产品、肉禽蛋和粮食五类产品市场中，其渠道长度、密度和宽度在改革开放进程中都实现了质的飞跃。一方面，我国主要农产品渠道长度呈现明显倒"U"型变化（先变长后变短），与发达国家经历的情况非常类似，其中加入WTO的时点成为渠道长度演变的一个转折点。另一方面，我国主要农产品加总的渠道密度在振荡波动中经历快速的放大变化，并与渠道长度的变化保持基本一致，当渠道长度达到最大时，渠道密度随即开始快速放大。

9.2 建　议

　　根据渠道协同的思想，在渠道系统内进行联合或一体化是非常重要的，无论是生产者（农户）、中介组织、还是消费者。

　　一体化有两种实现方式（"软联合"或"硬联合"）、两种联合方向（"纵向"或"横向"）。第一，"硬联合"即兼并其他渠道成员，发生所有权转移，其优点在于实现了规模经济；其缺点是需要资金支持，此外规模扩大的同时会增加管理难度。而"软联合"是通过合同约定采用共同或者一致的营销行为，不发生所有权转移，其出发点是希望通过"软联合"能达到降低交易费用的目的，优点是不会像"硬联合"随着兼并的深入占用资金，缺点是相对松散，不及"硬联合"有效力。第二，"纵向联合"使大量专业化生产条件下的市场交易转变为组织内部交易，消除或降低交易成本。"横向联合"的出发点是实现规模经济效应。

　　1）横向联合。首先，对生产者（农户）而言，第一，横向联合或者一体化有助于提高生产和营销规模。生产规模是影响市场结构的原始力量，生产规模扩大后，生产者可以不通过集货程序，直接运到批发市场或超级市场销售，从而减少周转次数，缩短营销渠道。因为这种缩短的营销渠道建立在规模生产的基础之上，它不同于传统社会阶段生产者直接卖给消费者的情况，因而是有效率的。第二，在没有条件采取规模生产的地区，可以参考美国营销合作社、中国台湾共同营销和日本农协的经验以扩大营销规模，增强谈判力量。对中国小规模、分散化的农户而言，通过"软"的"横向联合"，有助于克服单个农户的弱势地位、形成群体合力、具备整体竞争能力。其次，对中介组织来说，有助于更大范围控制市场，提高市场占有率。最后，对于消费者而言，横向联合有助于增强在买卖过程中的讨价还价能力，降低购买价格。[①]

　　2）纵向联合。一方面，对有一定实力的农业生产者可以考虑"软"的"纵向联合"，与下游中介组织合作，实现其生产经营与市场的有效连接，顺利进入市场。另一方面，对于中介组织，则可以通过前向一体化（比如批发商组建零售终端）或者后向一体化（零售商进入批发环节甚至直接与农户或者生产基地联合）来缩短渠道环节，降低交易成本。这种联合有助于提高渠道效率。

---

　　① 横向联合之所以发展滞后，是因为其目标在于扩大规模、控制和垄断市场，最终形成价格或产业垄断，所以往往被视为违背竞争原则而受到来自各方的干预和反对。纵向一体化的目标在于节约交易成本。

关于纵向联合的一个典型例子是武汉"蔬菜大王"兰贵娥的事迹。兰贵娥为多家超市提供新鲜蔬菜配送，其意义在于：①对超市而言，改变了原先从批发市场采购而直接经由兰贵娥从蔬菜基地配送，去掉了中间环节，降低了采购价格；同时通过由兰贵娥协同配送至超市门店，降低了运输成本和蔬菜损耗；通过供销协议，超市能够及时补货、调整品种数量，能更好响应消费者动态变化的需求。②对农户和蔬菜基地而言，由于与兰贵娥签订了销售代理协议，经由她获得了强有力的分销能力，解决了生产与市场的衔接问题，蔬菜的销售和价格不成问题，能实现稳产稳收，解决了蔬菜卖难问题。③对消费者而言，蔬菜更新鲜、价格更低廉、购买更便利、品质也有超市的信誉作为安全保证。④对兰贵娥本人而言，这种联合使她从原来的卖菜小贩成为现代意义上的集货商，通过与超市联合，在蔬菜快速高效分销、销售份额扩大的同时，她也实现人生价值的飞跃。由此可以看出，这种联合实现了多方共赢，对于当前解决农产品销售难问题具有启示意义。

9.3 对　策

1）农产品批发市场的价值链有待延伸，走垂直一体化道路。这一方面有助于寻找到新的利润点，开拓发展空间，快速做大做强。另一方面也可以有效减少渠道环节，通过内部关联交易降低流通成本，稳定并降低市场价格，有助于提高农产品流通效率，对于保护生产者利益和消费者福利也有着积极意义。

2）改造升级原有的渠道组织，提高流通效率。主要是要对当前农产品流通的主要载体——批发市场和农贸市场进行改造。批发市场在交易方式、管理模式、服务功能等方面要进行完善和发展，提高流通效率，扩大流通半径，使之满足地区间农产品大规模流通的需要。农贸市场则要继续推进超市化改造，改变过去农贸市场"脏、乱、差"和食品安全无保障的状况。

3）加强对渠道体系的梳理和调整，提高渠道绩效。政府相关部门采取各种措施对包括农产品生产、流通、销售、加工、消费等各个环节在内的整体渠道链条进行梳理和改造，消除农产品流通不畅的瓶颈制约，使得各个环节都能够畅顺高效运转，提高其整体运营效率。

4）建立公平有序的市场竞争机制，预防"挤压效应"侵害上游生产者和下游消费者的利益。同这二者相比，农产品市场主体往往处于一种强势地位，谈判能力强。一旦市场机制不健全，农产品市场主体采购时，极易恶意压低进价，侵害农户的利益；而在销售环节，又可能出于对更高利润的追求会抬高售价，从而使广大消费者深受垄断价格之苦。

5）实施统一的支持政策和优惠措施，鼓励和扶持农产品流通组织的发展。农产品市场一定程度上属于公益性基础设施，当前还处在发展过程中，政府应当提高对农产品销售、流通环节的支持力度，在用地收费、投资信贷等方面给予一定的优惠政策，促进其发展和完善，更好适应经济社会发展要求。

6）加强市场监督，提高食品安全保障系数。政府作为公共管理部门，担负着建立和完善农产品营销渠道体系、确保社会食品安全的重任，其监督作用不可或缺，政府必须加强市场监管，严格执行农产品准入，确保食品安全。事实证明：要实现农产品的放心消费始终离不开政府对市场的有效监管。

参 考 文 献

安玉发，臧日宏．2005．农产品市场营销理论与实践．北京：中国轻工业出版社．

安玉发，张娣杰．2001．市场营销理论在我国农业经营中的应用．北京：中国农业出版社．

陈涛、余学斌．2001．营销渠道系统决策研究的进展与思考．武汉科技大学学报（社会科学版），(2)：77-83．

程国强．2000．WTO农业规则与中国农业发展．北京：中国经济出版社．

范小军，陆芝青，阮青松．2005．基于交易成本的营销渠道模式选择．企业经济，(3)：72-73．

方志权，焦必方．2002．中日鲜活农产品流通体制比较研究．农村财政与财务，(5)：4-8．

冯渝，李蔚．2002．论营销渠道模式转型．企业经济，(8)：91，92．

弗里德曼LG，弗琦TR．2000．创建销售渠道优势．北京：中国标准出版社．

甘碧群．2002．论关系营销与交易营销的演化与兼容．商业经济与管理，(5)：18-23．

葛深渭．2005．营销致富：农产品营销策略论．上海：上海三联书店．

郭国庆．1999．市场营销理论．北京：中国人民大学出版社．

何秀荣．2009．公司农场：中国农业微观组织的未来选择．中国农村经济，(11)：4-16．

贺艳春，张志海．2002．营销渠道结构演变的理性分析．湖南工程学院学报（社会科学版），(3)：20-22．

洪涛．2000．我国蔬菜产销体制研究．中国农村经济，(4)：15-26．

侯杰泰，温忠麟，成子娟．2004．结构方程模型及其应用．北京：教育科学出版社．

胡华平，李崇光．2010．农产品垂直价格传递与纵向市场联结．农业经济问题，(1)：10-17．

黄修权，顾银宽．2004．基于整体竞争战略的价值链营销及其渠道整合．财贸经济，(10)：74-76．

黄祖辉，鲁柏祥，刘东英，等．2005．中国超市经营生鲜农产品和供应链管理的思考．商业经济与管理，(1)：9-13．

黄祖辉，吴克象，金少胜．2003．发达国家现代农产品流通体系变化以及启示．福建论坛（经济社会版），(4)：32-35．

黄祖辉，张静，Kevin Chen．2008．交易费用与农户契约选择——来自浙冀两省15县30个村梨农调查的经验证据．管理世界，(9)：76-81．

纪良纲，刘东英．2006．中国农村商品流通体制研究．北京：冶金工业出版社．

贾国银，赵宪军．2004．肉类产品营销渠道现状及趋势．世界农业，(1)：23-25．

蒋恩尧，谷润池，蒋文扬．2004．对营销渠道中间商的绩效评价．科技情报开发与经济，(2)：84-86．

科兰AT等．2003．营销渠道．第六版．蒋青云，孙一民等译．北京：电子工业出版社．

科特勒 P. 2005. 营销管理. 第 11 版. 梅汝和，梅清豪，周安柱译. 北京：中国人民大学出版社.

克里斯托弗 M. 2003. 物流与供应链管理.（英文版）. 北京：电子工业出版社.

库尔斯 R，乌尔 J. 2006. 农产品市场营销学. 第九版. 孔雁译. 北京：清华大学出版社.

雷鸣，邱荣加. 2003. 营销渠道模式形成机制及其在我国的实践简论. 科技信息（学术版），（3）：55-58.

李崇光，孙剑. 2003. 加入 WTO 后我国农业企业营销问题与对策. 管理评论，（7）：37-40.

李崇光，邹进泰. 2002. 国际经济一体化：中国农产品营销的问题与思考. 江汉论坛，（2）：24-27.

李崇光. 2004. 农产品营销学. 北京：高等教育出版社.

李春成，张均涛，李崇光. 2005. 居民消费品购买地点的选择及其特征识别——以武汉市居民蔬菜消费调查为例. 商业经济与管理，（2）：58-64.

李春海. 2006. 改善农产品流通的制度性条件. 财贸研究，（1）：47-52.

李飞. 2003a. 分销渠道设计与管理. 北京：清华大学出版社.

李飞. 2003b. 西方分销渠道问题研究. 南开管理评论，（5）：52-57.

李晋红. 2005. 美日农产品流通渠道模式比较及对我国的借鉴. 中国合作经济，（5）：6，7.

李珺，刘功虎. 2006-11-23. 兰贵娥：从农家女到蔬菜配送公司老总. 长江日报，B5.

李平. 1998. 市场营销渠道的主成分评价模型. 沈阳工业学院学报，（3）：12-20.

李艳军. 2005. 农产品营销渠道创新必须解决的几个问题. 科技进步与对策，（11）：140，141.

李岳云. 2000. 加入世贸组织对江苏农业的影响和对策. 现代经济探讨，（5）：59-64.

林周二. 2000. 流通革命：产品、路径及消费者. 北京：华夏出版社.

凌翼. 2001. 食品营销渠道的创新策略. 市场营销，（2）：35-38.

刘满凤. 2004. 国外市场营销绩效评价研究综述. 商业经济文荟，（3）：33-37.

刘伟宇. 2000. 营销渠道理论发展及其重心演变. 审计与经济研究，（9）：57-59.

刘志超，彭启洪. 2001. 市场营销渠道的革命. 企业经济，（4）：79.

卢向虎，凌翼. 2004. 中国营销渠道结构的演进及影响因素评价. 重庆大学学报（社会科学版），（05）：34-38.

陆芝青，王方华. 2004. 营销渠道架构中的交易治理分析. 价格理论与实践，（3）：60，61.

陆芝青. 2003. 产品分销成本与渠道模式. 上海管理科学，（4）：53，54.

吕一林. 2002. 营销渠道决策与管理. 北京：首都经济贸易大学出版社.

罗必良，王玉蓉，王京安. 2000. 农产品流通组织制度的效率决定：一个分析框架. 农业经济问题，（8）：26-31.

罗必良，温思美，林家宏. 1999. 市场化进程中的组织制度创新. 广州：广东经济出版社.

罗森布罗姆 P. 2004. 营销渠道管理. 第 6 版. 北京：机械工业出版社.

罗森布洛姆 P. 2006. 营销渠道：管理的视野. 第七版. 宋华等译. 北京：中国人民大学出版社.

农产品营销渠道绩效评价与模式选择研究

马龙龙，孟祥升．2002．我国农产品批发市场的发展及存在的主要问题．首都经济贸易大学学报，（1）：42-45．

佩尔顿 L E，斯特拉顿 D，伦普金 J R．2004．营销渠道——一种关系管理方法．张永强，彭敬巧译．北京：机械工业出版社．

戚译，王颢越．2005．营销渠道扁平化发展动因及其理论阐释．商业经济与管理，（2）：53-57．

邱莉红．2002．对营销渠道绩效衡量的探讨．中外管理导报，（3）：45，46．

任燕，王克西．2004．我国营销渠道系统的创新模式分析．商业研究，（7）：131-134．

司林胜，夏朝贤，崔晓萍．1997．商业企业市场营销效益综合评价指标体系研究．山西财经学院学报，（5）：82-84．

斯特恩 L W，厄尔－安萨利 A I，库格兰 A T．2000．营销渠道．英文版第五版．北京：中国人民大学出版社．

斯特恩 L W，厄尔－安萨利 A I，库格兰 A T．2001．市场营销渠道．第五版．赵平，廖建军，孙燕军译．北京：清华大学出版社．

苏勇，陈小平．2000．关系型营销渠道理论及实证研究．中国流通经济，（1）：50-53．

孙剑，李崇光．2003．论农产品营销渠道的基本结构理论与选择．科技进步与对策，（17）：27，28．

孙剑，李崇先．2003．美国和日本主要农产品营销渠道比较．世界农业，（3）：33-35．

孙剑．2011．我国农产品流通效率测评与演进趋势——基于 1998-2009 年面板数据的实证分析．中国流通经济，（5）：21-25．

谭向勇．2008．北京市主要农产品流通效率研究．北京：中国物资出版社．

田波，曲震霆，刘敏．2005．企业分销渠道效率评价与调整策略研究——长春泰力公司分销渠道创新．工业技术经济，（1）：100-102．

万钟汶，杨隆年．1996．不完全竞争下蔬菜运销价差结构之分析．农产运销论丛，（31）：21-33．

王朝辉．2003．营销渠道理论前沿与渠道管理新发展．中央财经大学学报，（8）：64-68．

王凯，韩纪琴．2002．农业产业链管理初探．中国农村经济，（5）：9-12．

王荣耀．2000．销售渠道的新变化．销售与市场，（9）：26，27．

王颖，王方华．2006．营销渠道理论研究的范式演变与最新进展．市场营销导刊，（6）：23-26．

魏明侠．2002．绿色营销绩效评价指标体系的设计．科学学与科学技术管理，（4）：18-21．

温思美．2002．中国加入 WTO 后农业面临的机遇、挑战和对策．农业经济问题，（4）：21-32．

吴隽文．1990．流通渠道的效率对比及提高流通力的途径．财贸研究，（3）：12-14．

吴利化．2004．渠道效率评估模型选择．商业时代，（15）：31．

武春友，王兆华．2002．营销决策综合效果的 DEA 评价方法．系统工程理论方法应用，（4）：335-339．

武拉平, 何秀荣. 2000. 台湾省农产品运销系统及其启示. 世界农业, (6): 47, 48.

夏春玉. 2003. 渠道建设理论的经典研究综述. 经济学动态, (5): 26-30.

小林康平, 等. 1998. 体制转换中的农产品流通体系——批发市场机制的国际对比研究（中译本）. 北京: 中国农业出版社.

小林康平. 1998. 体制转换中的农产品流通体系. 北京: 中国农业出版社.

邢以群, 丁璐. 2003. 企业营销渠道改造探讨. 企业经济, (2): 150, 151.

徐柏园. 2004. 我国农产品批发市场现状分析. 农产品市场周刊, (26): 11-17.

许文富, 萧清仁. 1990. 农产品运销服务业发展之研究: 主要农产品市场结构与运销效率. 台北: 台湾大学农业经济研究所.

许文富, 萧清仁. 1990. 农产品运销服务业发展之研究——主要农产品市场结构与运销效率. 台北: 台湾大学农业经济出版社.

许文富. 1984. 台湾主要蔬菜运销价差及成本之研究. 台北: 台湾大学农业经济研究所.

杨慧. 2002. 对角线转移: 渠道权力理论研究的新视角. 当代财经, (8): 58-60.

杨政. 2000. 营销渠道成员行为的整合模型. 南开管理评论, (4): 64–70.

姚今观. 1995. 农产品流通体制与价格制度改革的新构想. 财贸经济, (5): 54-56.

游振铭. 1993. 台湾蔬菜运销通路之效率研究. 台北: 台湾大学.

于建华. 2005. 中间商渠道绩效评价. 中国流通经济, (6): 53-56.

俞国方. 1999. 企业营销绩效评价指标分析. 现代企业, (7): 44-48.

曾寅初, 高杰, 李正波. 2006. 社会资本对农产品购销商经营绩效的影响研究. 中国农村观察, (2): 33-42, 48.

曾寅初. 2004. 中国农产品流通的制度变迁——制度变迁过程的描述性整理. "WTO与东亚农业发展"国际学术研讨会集, 22-28.

张闯, 夏春玉. 2005. 农产品流通渠道: 权力结构与组织体系的构建. 农业经济问题, (7): 28-35.

张闯. 2006. 营销渠道控制: 理论、模型与研究命题. 商业经济与管理, 173 (3): 52-59.

张传忠, 雷鸣. 2000. 分销管理. 武汉: 武汉大学出版社.

张改清. 2006. 新"零售之轮"理论及对我国"农改超"困境的解析. 经济问题, (8): 6-8.

张庚森, 陈宝胜, 陈金贤. 2002. 营销渠道整合研究. 西安交通大学学报（社会科学版）, (4): 45-48.

张广玲. 2005. 分销渠道管理. 武汉: 武汉大学出版社.

张静. 2008. 日本的成品油价格与税收. 化学工业.

张开华. 2000. 我国农产品市场体系的制度缺陷及其完善. 中南财经大学学报, (4): 12-18.

张士云, 许多. 2000. 农业产业化经营呼唤农产品营销创新. 农业经济问题, (8): 22-24.

张曙临. 2002-08-06. 农产品市场营销在中国的发展. 中国营销传播网.

赵国强. 2003. 渠道效率的来源及其实现. 江苏商论, (6): 129, 130.

赵晓飞. 2005. 营销渠道的选择及评价标准研究. 企业活力, (4): 42, 43.

中国社会科学院日本研究所"中日流通业比较研究"课题组. 1994. 中日流通业比较研究. 北京: 中国轻工业出版社.

钟甫宁. 1995. 稳定的政策和统一的市场对我国粮食安全的影响. 中国农村经济, (7): 55-58.

钟甫宁. 2002. 全球经济一体化背景下区域现代化指标体系问题探讨. 农业现代化研究, (6): 438-441.

周文, 包焱. 2002. 营销渠道. 北京: 世界知识出版社.

周筱莲, 庄贵军. 2004. 营销渠道成员之间的冲突与解决方法. 北京工商大学学报(社会科学版), (1): 22-26.

周雅燕. 2006. 影响营销通路网络运作因素之探讨, 中华管理评论国际学报, (2): 1-20.

周应恒, 卢凌霄, 耿献辉. 2003. 生鲜食品购买渠道的变迁及其发展趋势——南京市消费者为什么选择超市的调查分析. 中国流通经济, (4): 13-16.

周应恒, 卢凌霄. 2008. 蔬菜供应链效率研究——以南京为例. 江苏农业科学, (1): 69-73.

周应恒. 2006. 农产品运销学. 北京: 中国农业出版社.

朱绍文, 生野重夫. 1997. 日本市场经济与流通. 北京, 经济科学出版社.

朱秀君, 王颢越. 2005. 复合型营销渠道模式选择的经济学分析. 浙江学刊, (6): 61-64.

庄贵军. 2000. 权力、冲突与合作: 西方的渠道行为理论. 北京商学院学报, (1): 8-11.

庄贵军. 2004. 营销渠道控制: 理论与模型. 管理学报, (1): 82-89.

Achrol R S. 1997. Channels in the Theory of Inter-organizational Relations in Marketing: Toward a Network Paradigm. Journal of the Academy of Marketing Science, 25 (1): 56-71.

Adler P S, Seok-Woo K. 2002. Social capital: prospects for a new concept. Academy of Management Review, 27 (1): 17-40.

Ahmed A. A. 1993. Channel control in international markets. European Journal of Marketing, 11 (4): 327-336.

Aithal R K, Vaswani L K. 2005. Distribution Channel Structure in Rural Areas: A Framework and Hypotheses. Decision, 32 (1): 191-206.

Alberto V, Erin A. 2005. How potential conflict drives channel structure: concurrent (direct and indirect) channels. Journal of Marketing Research, 42 (4): 507-515.

Ambler T, Kokinaki F. 1997. Measures of marketing success. Journal of Marketing Management, (13): 665-678.

Ambler T, Kokinaki F. 1998. Marketing performance measurement: Which way is up // Neely A D, Waggoner D B. Performance Measurement—Theory and Practice. Centre for Business Performance, Cambridge University, Cambridge.

Anderson E W, Fomell C, Rust R T. 1997. Customer satisfaction, productivity and profitability: differences between goods and services, Marketing Science, 16 (2): 129-145.

Anderson E, Day G S, Rangan V K. 1997. Strategic channel design. Sloan Management Review, (7): 59-69.

Anderson E. 1985. The salesperson as outside agent or employee: a transaction cost analysis. Marketing Science, (4): 234-254.

Anderson J C, Gerbing D W. 1988. Structural equation modeling in practice: a review and recommend two-step approach. Psychological Bulletion, 103 (3): 411-423.

Anderson J C, Hakanson H, Johanson J. 1994. Dyadic business relationships within a business network contexts. Journal of Marketing, 58 (4): 1-15.

Bagozzi R P, Yi Y. 1988. On the evaluation of structural equation models. Journal of the Academy of Marketing Science, 16: 74-94.

Bain J S. 1959. Industrial organization. New York: John Wiley & Sons.

Baker G, Gibbons R, Murphy K J. 2002. Relational contracts and the theory of the firm. Quarterly Journal of Economics, 117 (1): 39-84.

Baker G, Gibbons R. 2002. relational contracts and the theory of the firm. Quarterly Journal of Economics, (1): 39-84.

Bhargava M, Dubelaar C, Ramaswami S. 1994. Reconciling diver measures of performance: A conceptual framework and test of a methodology. Journal of Business Research, (31): 235-246.

Bonoma T V. 1998. Marketing performance assessment. Boston: Harvard Business School Press.

Bowersox D J, Cooper M B. 1992. Strategic Marketing Channel Management. McGraw-Hili, Inc.

Bowersox D J, Morash E A. 1989. The integration of marketing flows in channels of distribution. European Journal of Marketing, 23 (2): 58-67.

Brown J R, Dev C S, Lee DJ. 2000. Managing marketing channel opportunism: the efficacy of alternative governance mechanisms. Journal of Marketing, 64 (2): 51-65.

Bruce M. 1996. Marketing channels and economic development: a literature overview. International Journal of Physical Distribution and Logistics Management, 26 (5): 42-48.

Bucklin L P. 1965. Postponement, speculation and the structure of distribution channels. Journal of Marketing Research, 2 (1): 26-31.

Bucklin L, Ramaswamy V, Majumdar S. 1996. Analyzing channel structures of business markets via the structure-output paradigm. International Journal of Research in Marketing, 13: 73-87.

Bucklin LP. 1973. A theory of channel control. The Journal of Marketing, 37 (1): 39-47.

Bucklin L. 1970. National income accounting and distributive trade cost. Journal of Marketing, 34: 14-22.

Bykadorov I, Elleroe A, Moretti, et al. 2009. The role of retailer's performance in optimal wholesale price discount policies. European Journal of Operational Research, 194 (2): 538-550.

Cani Ls M C J, Gelderman C J. 2007. Power and interdependence in buyer supplier relationships: a purchasing portfolio approach. Industrial Marketing Management, 36 (2): 219-229.

Chiang W Y. Multi-channel supply chain management in the e-business era. PhD Dissertation Abstracts International, 63: 658.

Chow C, Tsang E. 1994. Distribution reform in China: an analysis of the private sector develop-
ment. International Journal of Retail and Distribution Management, (22): 27-33.

Chow C, Tsang E. 1995. Distribution reform and retail structure in China: an empirical analysis of
entries and exists of enterprises. Asia Pacific Journal of Marketing and Logistics, (25): 3-25.

Christine L M, Lambert D M. 1991. A model of channel member performance, dependence, and
satisfaction. Journal of Retailing, 67 (2): 205-225.

Clark B H. 1999. Managerial perceptions of marketing performance: efficiency, adaptability, effective-
ness and satisfaction. working paper, College of Business administration, Northeastern University.

Collins A. 2002. The Determinants of Retailers' Margin Related Bargaining Power: Evidence from
the Irish Food Manufacturing Industry. International Review of Retail, Distribution and Consumer
Research, 12 (2): 165-189.

Coughlan A T, et al. 2001. Marketing Channel. 6th. Beijiang: Tsinghua Univserty Press.

Cronroos C. 1994. From marketing mix to relationship marketing: towards a paradigm shift in mar-
keting. Management Decision, 35 (4): 322-339.

Davis J. 1993. Structure-performance relationships in the broiler market. European Journal of Market-
ing, 19 (7): 11-25.

Dent J. 2003. Improving channel profits. CEO VIA International, (2): 117-130.

Dukes A, Gal-Or E, Srinivasan K. 2006. Channel bargaining with retailer asymmetry. Journal of
Marketing Research, 43 (1): 84-97.

Dwyer F R, Welsh M A. 1985. Environmental relationships of the internal political economy of mar-
keting channels. Journal of Marketing Research, 22 (4): 397-414.

El-Ansary A I, Stern L W. 1972. Power measurement in the distribution channel. Journal of Market-
ing Research, 9: 47-52.

El-Ansary A I, Robicheaux R A. 1974. A theory of channel control: revisited. The Journal of Mar-
keting, 38 (1): 2-7.

Etgar M, Cadotte E R, Robinson L M. 1978. Selection of an effective channel control mix. The
Journal of Marketing, 42 (3): 53-58.

Etgar M. 1984. The retail ecology model: a comprehensive model of retail change. Research in Mar-
keting // Sheth J. Greenwich: Jai Press.

Frazier G L. 1983. Interorganizational exchange behavior in marketing channels: a broadened per-
spective. Journal of Marketing, 47: 68-78.

Frazier G L. 1999. Organizing and managing channels of distribution. Journal of the Academy of Mar-
keting Science, 27 (2): 226-241.

Frazier G, Summers J. 1986. Perceptions of interfirm power and its use within distribution chan-
nels. Journal of Marketing Research, 23: 169-179.

Frazier G L, Lassar W M. 1996. Determinants of distribution intensity. Journal of Marketing, 60

(4): 39-51.

Frazier G L. 1983. On The measurement of interfirm power in channels of distribution. Journal of Marketing Research, 20 (2): 158-166.

Frazier K G, Roth V. 1990. A transactional cost model of channel integration in international markets. Journal of Marketing Research, 17: 196-208.

Gaski J F. 1984. The theory of power and conflict in distribution channels. Journal of Marketing, 48: 9-29.

Gaski J F. 1986. Interrelations among a channel entity's power sources: impact of the exercise of reword and coercion on expert, referent, and legitimate power sources. Journal of Marketing Research, 23: 62-77.

Gerchak Y, Wang Y. 2004. Revenue-sharing Vs. Wholesale-price contracts in assembly systems with random demand. Production And Operations Management, 13 (1): 23-33.

Goldman A. 1974. Outreach of consumers and the modernization of urban food retailing in developing countries. Journal of Marketing , 10: 8-16.

Gonzalez-Hernando S, Iglesias V, Trespalacios J. 2005. Exclusive territories and performance dimensions in industrial distribution channels. Industrial Marketing Management, 34 (5): 535-544.

Granovetter M. 1985. Economic action and social structure: the problem of embeddedness. American Journal of Sociolony, 91 (3): 481-510.

Grewal R, Dharwadkar R. 2002. The role of institutional environments in marketing channels. Journal of Marketing, 66: 82-97.

Gunasekaran A, Patel C, Mcgaughey R. 2004. A Framework for supply chain performance measurement. International Journal of Production Economics, 87 (3): 333-347.

Harriss-White B. 1999. Agricultural Markets from Theory to Practice: Field Experience in Developing Countries. Palgrave Macmillan, 11: 253-256.

Heide J, George J. 1992. Do norms matter in marketing relationships? Journal of Marketing, 56 (2): 32-44.

Hellin J, et al. 2009. Farmer Organization, Collective Action and Market Access in Meso-America. Food Policy, (1): 16-22.

Hibbard J D, Kumar N, Stern L W. 2001. Examining the impact of destructive acts in marketing channel relationships. Journal of Marketing Research, 38 (1): 45-61.

Hingley M K. 2005. Power imbalance in uk agri-food supply channels: learning to live with the supermarkets. Journal of Marketing Management, 1 (2): 63-88.

Iacobucci D. 1992. Modeling dyadic interactions and networks in marketing. Journal of Marketing, 29 (1): 5-17.

Ingene C A, Parry M E. 2004. Mathematical models of distribution channels. Boston, Kluwer Academic Publishers.

Jap S, Manolis C, Weitz B. 1999. Relationship quality and buyer-seller interactions in channels of distribution. Journal of Business Research, 46 (3): 303-313.

Jap S. 1999. Marketing channels readings. Sloan School of Management at MIT.

John G, Weitz B. 1988. Forward integration into distribution: empirical test of transactional cost analysis. Journal of Law, Economics and Organization, 4: 121-139.

Joshi A W, Stump R L. 1999. Transaction cost analysis: integration of recent refinements and an empirical test. Journal of Business-to-Business Marketing, 5 (4): 37-71.

Kadiyali V, Chintagunta P, Vilcassim N. 2000. Manufacturer-retailer channel interactions and implications for channel power: an empirical investigation of pricing in a local market. Marketing Science, 19 (2): 127-148.

Kim K. 1999. On determinants of joint action in industrial distributor-supplier relationships: beyond economic efficiency. International Journal of Research In Marketing, 16 (3): 217-236.

Kim S, Staelin R. 1999. Manufacturer allowances and retailer pass-through rates in a competitive environment. Marketing Science, 18 (1): 59-76.

Kim S. 2007. Relational behaviors in marketing channel relationships: transaction cost implications. Journal of Business Research, 60 (11): 1125-1134.

Kohls R L, Uhl J N. 2001. Marketing of Agricultural Products. 9th. NJ: Prentice Hall Inc.

Kotler P. 1967. Marketing Management: Analysis, Planning, Implementation, and Control. Prentice-Hall Inc.

Lanier D, Wempe W F, Zacharia Z G. 2010. Concentrated supply chain membership and financial performance: chain- and firm-level perspectives. Journal of Operations Management. 28 (1): 1-16.

Leroux M, Schmitm T, Roth M, et al. 2010. Evaluating marketing channel options for small-scale fruit and vegetable producers. Renewable Agriculture And Food Systems, 25 (1): 16-23.

Lusch R F. 1976. Channel conflict: its impact on retailer operating performance. Journal of Retailing, 52 (2), 3-12.

Macneil I R. 2000. Relational contract theory: challenges and queries. Northwestern University Law Review, 94: 877-907.

Majaro S. 1993. The Essence of Marketing. Prentice Hall International Limited.

Mallen B. 1973. Functional spin-off: a key to anticipating change in distribution structure. The Journal of Marketing, 37 (3): 18-25.

Martin S, Jagadish A. 2006. Agricultural marketing and agribusiness supply chain issues in developing economies: The case of fresh produce in papua new guinea, IDEAS, (10): 123-132.

Mc Carthy P. 2000. Basic Marketing. Library of Congress Cataloging-in-Publication Data.

Mc Common B. 1963. Alternative Explanations of Institutionl Change Channel Evolution. Toward Scientific Marketing, Proceedings of the Winter Conference of the Americam Marketing Association, 477-490.

Mccullough E, Pingali P, Stamoulis K. 2008. the transformation of agri-food systems: globaliza-

参
考
文
献

173

tion, supply chains and smallholder farmers, Food & Agriculture Organization Of The UN (FAO).

Mclaughlin E W, Perosio D I. 1994. Fresh fruit and vegetable procurement dynarnics: the role of the supermarket buyer. Dept. of Agricultural, Resource, and Managerial E conomics, Cornell University.

Messinger P R, Narasimhan C. 1995. Has power shifted in the grocery channel?. Marketing Science, 14 (2): 189-223.

Michaelidou N, Arnott D C, Dibb S. 2005. Characteristics of marketing channel: a theoretical framework. The Marketing Review, (5): 45-57.

Michman D R. 1990. Managing the structural change in marketing channels. The Journal of Consumer Marketing, 7 (4): 33-42.

Minot N, Roy D. 2002. Impact of high-value agriculture and modern marketing channels on firms performance. International Marketing Review, 10 (4): 36-52.

Mohr J, Nevin J R. 1990. Communication strategies in marketing channels: a theoretical perspective. Journal of Marketing. 54 (10): 36-51.

Narus J A, Anderson J C. 1996. Rethinking distribution: adaptive channels. Harvard Business Review, 74: 112-122.

Neven D, Reardon T. 2004. The rise of kenyan supermarkets and the evolution of their horticulture product procurement systems. Development Policy Review, 22 (6): 669-699.

Nijs V, Srinivasan S, Pauwels K. 2007. Retail-price drivers and retailer profits. Marketing Science, 26 (4): 473-487.

Noomhorm A, Ahmad I. 2008. Food Supply chain management and food safety: south & east-asia scenario. Agricultural Information Research, 17 (4): 131-136.

Novich N S. 1991. Getting the most from distribution. National Productivity Review, 22 (4): 215-225.

Palmatier R W, Dant R P, Grewal D. 2007. A Comparative longitudinal analysis of theoretical perspectives of interorganizational relationship performance. Journal of Marketing, 71 (4): 172-194.

Quinn J, Murray J. 2005. The drivers of channel evolution: a wholesaling perspective. International Review of Retail, Distribution and Consumer Research, 15 (1): 3-25.

Rindfleisch A, Heide J B. 1997. Transaction cost analysis: past, present, and future applications. Journal of Marketing, 61 (4): 30-54.

Robicheaux R A, El-ansary A I. 1976. A general model for understanding channel member behavior. Journal of Retailing, 52 (4): 13-32.

Rose G M, Shoham A. 2004. Interorganizational task and emotional conflict with international channels of distribution. Journal of Business Research, 57 (9): 942-950.

Rosenbloom B. 1999. Marketing Channels: A Management View. 6th. New York: The Dryden

Press.

Sharma A, Dominguez L. 1992. Channel evolution: a framework for analysis. Journal of the Academy of Marketing Science, 20 (1): 1-15.

Shaw A W. 1915. Some Problems In Marketing Distribution. Harvard University Press.

Sherriff T, Luk K, Li H Y. 1997. Distribution reform in China: a macro perspective and implications for channel choices. Journal of Marketing Channels, 6 (1): 77-104.

Siguaw J A, Simpson P M, Baker T L. 1998. Effects of supplier market orientation on distributor market orientation and the channel relationship: the distributor perspective. Journal of Marketing, 62 (3): 99-111.

Skinner S J, Gassenheimer J B, Kelley S W. 1992. Cooperation in supplier-dealer relations. Journal of retailing, 68 (2): 174-193.

Skinner S J, Guiltinan J P. 1985. Perceptions of channel control. Journal of Retailing.

Stern L W, El-Anary A I, Coughlan A T. 2000. Marketing Channels. 6th. NJ: Prentice Hall Inc.

Stern L W, Reve T. 1980. Distribution channels as political economies: a framework for comparative analysis. Journal of Marketing, 44 (3): 52-64.

Stern L W, Sturdivant F D. 1987. Customer-driven distribution systems. Harvard Business Review, 65 (4): 34-39.

Stern L W. 1969. Distribution channels: behavioral dimensions. Boston: Houghton Mifflin Company.

Stern LW, EI-Ansary A, Coughlan AT. 2001. 市场营销渠道 (Marketing. Channels, 5th). 北京: 清华大学出版社.

Tjalling D, Matthew M, Tilburg A. 2001. apply marketing channel theory to food marketing in developing countries: vertical disintegration model for horticultural marketing channels in kenya. Agribusiness, 17 (2): 227-241.

Vazquez R, et al. 2005. Distribution channel relationships: the conditions and strategic outcomes of cooperation between manufacturer and distributor. International Review of Retail, Distribution and Consumer Research, 15 (2): 125-150.

Velicer D L W, Harlow L. 1995. Effects of estimation methods, number of indicators per factor and omproper solution structural equation modeling fit indices. Structural equation Modeling, 2: 119-143.

Wang Y, Jiang L, Shen Z. 2004. Channel performance under consignment contract with revenue sharing. Management Science, 50 (1): 34-47.

Webster F E J. 1992. The changing role of marketing in the corporation. Journal of Marketing, 56: 1-77.

Weitz B A, Jap S D. 1995. Relationship marketing and distribution channels. Journal of the Academy of Marketing Science, 23 (4): 305-320.

Wilkinson I. 1990. Towards a theory of structural change and evolution in marketing channels. Journal of Macro Marketing, 29: 18-46.

Wilkinson I F. 2001. A history of network and channels thinking in marketing in the 20th century. Australasian Journal of Marketing, 9 (2): 23-52.

Wren B M. 2007. Channel structure and strategic choice in distribution channels. Journal of Management Research, 7 (2): 78-86.

Zhao X, Atkins D, Liu Y. 2009. Effects of distribution channel structure in markets with vertically differentiated products. Quantitative Marketing And Economics, 7 (4): 377-397.

Zhuang G J, Zhou N. 2004. The relationship between power and dependence in marketing channels: a Chinese perspective. European Journal of Marketing, 38 (5/6): 675-693.

Zusman P, Etgar M. 1981. The marketing channel as equilibrium set of contracts. Management Science, 27: 284-302.